50 droits contre l'exclusion

collection
À savoir
dirigée par
Évelyne Pisier
et Olivier Duhamel

ISBN 978-2-247-10193-1

50 droits contre l'exclusion

Agence nouvelle
des solidarités actives
(Ansa)
www.solidarites-actives.com

avec la collaboration de Droits d'Urgence
www.droitsdurgence.org

préface de Ségolène Neuville

introduction de Daniel Lenoir

DALLOZ

Sommaire

ÉDUCATION, CULTURE ET SPORT

ACCÈS À LA FORMATION, L'EMPLOI, LA PROTECTION AU TRAVAIL ET L'INSERTION

PROTECTION ET PRESTATIONS SOCIALES

SANTÉ

MOBILITÉ, SERVICES ET GESTION FINANCIÈRE

PARTICIPATION À LA VIE PUBLIQUE

JUSTICE

Remerciements

Pour la coordination et la relecture de l'ensemble de l'ouvrage :

L'équipe de l'Agence nouvelle des solidarités actives (Ansa).

Pour la mise à jour des droits et la rédaction de nouveaux droits :

Droits d'Urgence : Marianne Yvon et Antoine Meyer au titre du travail de coordination des contributions et de rédaction, ainsi qu'Antoine Bouvet, Antonin Paillet et Alexandre Moreau, pour la rédaction.

Pour la relecture :

Agnès Brousse et Florence Denis de l'Union nationale des associations familiales ; Sarah Benichou, Béatrice Robert de Massy, Célia Sanchez et Marie Lieberherr du Défenseur des droits ; Danièle Lochak, Chloé Altwegg-Boussac et Angèle Roisin.

Les travailleurs sociaux qui ont contribué à la construction et à l'enrichissement de cet ouvrage : Carole Prevost, Michel Godin, Sandrine Rousselle, Christine Deloraine, Jennifer

Vasseur, Marie-Christine Besnard, Anne-Sophie Le Bohec et David Riopel.

Pour avoir permis de réunir ces travailleurs sociaux :

Anne Blondelle, directrice cohésion sociale, conseil départemental de la Somme et Bernadette Chapey, chef de service vie sociale, conseil départemental d'Ille-et-Vilaine.

Les personnes concernées (salariés en insertion, personnes hébergées) qui ont contribué à la construction et à l'enrichissement de cet ouvrage : Hadamou C., Alimatou B., Georgette P., Jean-Michel C., Farah I., Arezki B., Walid T., Boualem H., Vumar T., Ahmed S., Salahedine H., Chico LM. et Hakim A.

Pour avoir permis de réunir ces personnes : Virginie Najduch, conseillère ESF et Catherine Hamonet, chef de service, ACSC cité Myriam ; Sophie Roche, chef de projet Convergence, Emmaüs Défi ; Laurent Dordain, Emmaüs Défi & Ansa.

Pour leur soutien au projet : la CNAF et SNCF.

Pour avoir été à l'origine du code des droits contre l'exclusion : Martin Hirsch.

Préface

L'égalité des droits est un pilier de notre Constitution. Pour en garantir l'effectivité, nous devons sans cesse nous interroger sur les voies et moyens d'y parvenir. À cet égard, le choc de simplification initié par le président de la République depuis 2012 cherche à satisfaire cette exigence d'égalité, pour toujours s'adapter aux besoins de nos concitoyens et ne jamais en laisser aucun sur le bord du chemin.

Agir pour simplifier l'accès aux droits, coordonner les acteurs et accompagner les personnes, c'est la mission que le gouvernement s'est confiée, et c'est en cela que l'édition de ce code des « 50 droits contre l'exclusion » est une initiative utile, une action concrète.

*

Tiré à plus de 40 000 exemplaires, la première édition de ce code a été un formidable succès. En effet, de nombreuses collectivités territoriales en ont commandé pour les distribuer aux professionnels de l'action sociale. C'est le signe que le besoin d'information est bien réel, notamment chez les acteurs de terrain qui sont au contact des personnes en situation d'exclusion et dont les problématiques sont parfois multiples, souvent complexes.

La première édition de « 50 droits contre l'exclusion » datait de 2009, il était donc temps de l'actualiser, entendu que le droit de la lutte contre l'exclusion est un droit vivant et qu'il fallait tenir compte de ses nombreuses évolutions et avancées intervenues notamment depuis l'adoption du plan de lutte contre la pauvreté et pour l'inclusion sociale le 21 janvier 2013.

Si le plan de lutte contre la pauvreté a pour objectif de permettre à chacun d'accéder à une vie digne sur le plan matériel, d'accéder à l'emploi, à la formation, au logement, ou encore aux soins et aux services de santé, il comporte également de nombreuses mesures destinées à renforcer l'accès aux droits des personnes, selon le principe du « juste droit ». Ce principe est au cœur de l'action des intervenants sociaux, car il vise à lutter en parallèle contre le non-recours aux aides et contre la fraude aux prestations sociales, afin que les personnes puissent faire valoir « ni plus, ni moins » que leurs droits.

C'est pour cela que nous agissons chaque jour pour simplifier les démarches et pour faciliter l'accès aux aides et aux prestations sociales ; c'est pour cela que nous avons mis en place les rendez-vous des droits dans les Caisses d'allocations familiales ; c'est pour cela que nous avons construit un simulateur en ligne des droits sociaux, qui permet à chacun de connaître en quelques clics l'ensemble de ses droits. Enfin, c'est pour cela que nous simplifions les procédures, les formulaires, mais aussi le langage utilisé par l'administration.

L'une des premières mesures de simplification et de clarification concerne la domiciliation. Préalable indispensable à l'accès aux droits – les aides étant souvent attribuées à condition de pouvoir justifier d'une adresse sur le territoire de la collectivité qui les délivre – cette réforme était indispensable pour simplifier les démarches et procédures d'une part ; mais également pour renforcer la coordination entre les associations, les services de l'État et les collectivités territoriales, d'autre part afin que les dispositifs soient réellement articulés entre eux, pour répondre à des besoins eux-mêmes imbriqués. En effet, comment retrouver un emploi si l'on n'a pas de logement près de son lieu de travail, si l'on n'a pas de moyen de transport pour s'y rendre, ou si l'on n'a pas de solution pour scolariser ou faire garder ses enfants dans sa commune ?

L'action coordonnée entre les acteurs et les dispositifs est essentielle pour mettre en place un accompagnement efficace des personnes, en les plaçant au cœur d'un réseau d'acteurs cohérents, qui interviennent de concert. Car ne l'oublions pas, derrière les statistiques de la pauvreté, derrière les aides et les prestations sociales, derrière les différents dispositifs d'accompagnement social, il y a d'abord des personnes. Des personnes différentes avec des problématiques différentes : des familles monoparentales qui peinent à nourrir et à vêtir leurs enfants, des jeunes qui ne trouvent pas d'emploi, des femmes en emploi précaire, des hommes seuls à la rue… Des gens qui se sentent souvent mis à l'écart, honteux voire humiliés, qui ne se voient pas d'avenir, et qui finissent par ne plus croire en rien.

À titre d'exemple, l'accompagnement à l'usage du numérique, qu'on appelle aussi la médiation numérique, est un enjeu fondamental au regard de la dématérialisation croissante des démarches administratives et des relations marchandes et non marchandes : e-commerce, réseaux sociaux, etc. Les outils numériques qui se développent actuellement peuvent en effet être de puissants leviers d'insertion, mais ils peuvent également se retourner contre les personnes et devenir de puissantes machines à exclure si l'on n'y prend pas garde.

Bien entendu, cet ouvrage devra être mis à jour régulièrement, car le droit évolue en permanence pour s'adapter à l'évolution des besoins, mais aussi pour simplifier le paysage des prestations, assimilé parfois à juste titre à un « maquis ». C'est pour cela que nous avons décidé de créer la prime d'activité*, afin de réunir en un dispositif unique

---

* NDLR : la prime d'activité est en cours de définition au moment de la rédaction de cet ouvrage (droit n° 30).

deux prestations – le RSA activité et la prime pour l'emploi – qui poursuivaient le même objectif : soutenir l'activité et le pouvoir d'achat des travailleurs aux revenus modestes. D'autres réformes viendront certainement s'y ajouter, afin que les aides et les prestations soient plus simples, plus faciles à identifier et à mobiliser.

Faire évoluer les mentalités est essentiel pour que l'égalité de droits soit synonyme d'égalité de traitement. Le 21 février 2014, le gouvernement a introduit dans le code pénal un vingtième critère relatif au lieu de résidence pour lutter précisément contre les comportements discriminatoires. Je veux parler de la lutte contre la stigmatisation des personnes et contre toutes les formes de discrimination, et notamment celles qui pèsent sur les personnes les plus vulnérables. Quand des personnes se retrouvent démunies, sans-abri, isolées, c'est précisément parce que très souvent, elles n'osent pas faire valoir leurs droits, ou y renoncent de peur d'avoir à essuyer un refus, qui les assignent à leur situation, comme si la pauvreté était une fatalité. Ces personnes qui abandonnent, qui renoncent à leurs droits, ces personnes qui souhaiteraient se faire oublier, ces personnes sont nos concitoyens, au même titre que les autres, et nous avons le devoir de leur garantir leurs droits : c'est une question de justice sociale et d'égalité républicaine.

On pourrait taxer cette mesure de symbolique mais lutter contre les stéréotypes, c'est essentiel pour faire évoluer les représentations de la pauvreté. La lutte contre les discriminations vise à redonner confiance aux personnes qui ont perdu espoir, afin qu'elles sachent que désormais le droit est avec eux, et qu'il est donc possible de demander un logement, un emploi, ou encore une place en crèche, sans avoir peur de se voir renvoyé à sa situation, comme s'il n'était pas permis d'espérer en sortir. Il s'agit finalement de faire prendre conscience à nos concitoyens que nous avons tous une part de responsabilité dans l'exclusion sociale. Car la solidarité n'est pas un supplément d'âme, c'est ce lien invisible et pourtant essentiel qui nous unit, nous protège et nous renforce collectivement.

Ségolène Neuville
secrétaire d'État
chargée des personnes handicapées
et de la lutte contre l'exclusion,
auprès de la ministre des Affaires sociales,
de la santé et des droits des femmes

Introduction

« Toute personne, en tant que membre de la société, a droit à la sécurité sociale ». Consacré par la Déclaration universelle des droits de l'Homme, l'accès aux droits constitue un des axes fondamentaux de la Convention d'objectif et de gestion signée en 2013 entre l'État et la Cnaf, et avec elle l'ensemble de la branche Famille de la Sécurité sociale.

Favoriser l'accès aux droits : avec les simulateurs sur Caf.fr, avec la recherche de droits potentiels avec l'ensemble des partenaires, avec les médiateurs des caisses, la branche Famille a mis en place une politique globale d'accès aux droits.

Ce dispositif d'ensemble, nous allons le systématiser à l'occasion de la mise en place de la prime d'activité, au 1er janvier 2016.

Cette politique d'ensemble vise à répondre à la complexité du phénomène de non-recours, beaucoup étudié, mais encore mal connu : la complexité des procédures, les dispositifs d'accueil ou d'accompagnement, l'efficacité de la communication, voire parfois les risques de stigmatisation, tout cela joue un rôle. Par-dessus tout, on sait, en revanche, qu'un des facteurs important réside dans la mauvaise connaissance des droits. D'où l'importance pour nous des rendez-vous des droits. C'est aussi ce qui explique le soutien de la Caisse nationale des allocations familiales à la réédition de ce mini-code « 50 droits contre l'exclusion », qui nous servira également de support pour l'ensemble de ces actions.

Daniel Lenoir
directeur général
de la Caisse nationale
des allocations familiales (Cnaf)

Avant-propos

Les informations contenues dans ce mini-code sont à jour du 1er juillet 2015. De nombreuses sources d'information complémentaires existent pour vous renseigner et identifier les institutions, services ou professionnels susceptibles de vous aider dans vos démarches. En particulier, nous vous recommandons les trois sites publics suivants :

www.service-public.fr

Ce site présente l'ensemble de vos droits. Vous pourrez y trouver des informations détaillées et accéder aux formulaires utiles à vos démarches. Il peut être important de s'y référer pour vérifier si les informations partagées dans ce mini-code sont à jour au moment où vous en prenez connaissance.

www.annuaires.justice.gouv.fr

Ce site vous permet d'obtenir l'adresse et les coordonnées d'une juridiction, d'identifier des services d'accès aux droits (associatifs et publics) près de chez vous pour bénéficier d'informations ou de conseils, ou encore d'identifier une association d'aide aux victimes.

www.mes-aides.gouv.fr

Ce site vous permet de visualiser, en répondant à quelques questions, les aides les plus importantes auxquelles vous seriez en droit d'accéder.

ÉTAT CIVIL ET CITOYENNETÉ

1. Établir et justifier de son identité
2. Disposer d'une domiciliation
3. Accéder au séjour
4. Être protégé au titre de l'asile et de l'apatridie
5. Se défendre en cas de discrimination

➤ L'absence de documents d'identité peut être source d'exclusion sociale. Afin de mener à bien ses démarches administratives, faire valoir ses droits et participer à la vie citoyenne il importe de pouvoir établir et justifier de son identité et bénéficier, lorsque l'on ne dispose pas d'un domicile fixe ou stable, d'une domiciliation. La loi française reconnaît diverses possibilités d'accéder à un titre de séjour et garantit le droit d'asile. Elle protège également contre les discriminations.

1. Établir et justifier de son identité

décret du 22 octobre 1955, article 1er

« Il est institué une carte nationale certifiant l'identité de son titulaire. Cette carte a une durée de validité de quinze ans lorsqu'elle est délivrée à une personne majeure et de dix ans lorsqu'elle est délivrée à une personne mineure [...] ».

Avoir une carte nationale d'identité française (CNI)

La posséder n'est pas obligatoire. Toutefois, pour effectuer certaines démarches (par ex. : s'inscrire à un concours, à Pôle emploi, sur les listes électorales et voter, ouvrir un compte...), il faut justifier de son identité. La CNI vous permet de le faire (même si elle est périmée, tant que votre photo d'identité est ressemblante). Elle est délivrée gratuitement.

⚠ En cas de nouvelle demande de CNI à la suite d'une perte ou d'un vol, vous devez fournir un timbre fiscal de 25 € à la mairie de votre domicile en plus de la déclaration de perte, à renseigner sur place, ou de vol, établie au commissariat ou à la gendarmerie.

La CNI est établie à toute personne de nationalité française sans condition d'âge.

Où faire la demande ?

Adressez-vous à la mairie de votre lieu de résidence (ou de domiciliation), à une antenne de police si vous habitez Paris ou au consulat de France si vous habitez à l'étranger. La personne mineure doit être présente lors du dépôt de la demande de sa carte d'identité et de son retrait, accompagnée de son représentant légal.

⚠ Le service concerné peut exiger que le dépôt de la demande se fasse sur rendez-vous. Renseignez-vous et pensez aux délais de délivrance qui varient en fonction du délai de fabrication de la carte et de la période à laquelle vous faites votre demande.

Quelles pièces justificatives fournir ?

Vous devez produire deux photographies d'identité, un justificatif d'état civil, un justificatif de nationalité française (si l'acte de naissance ne permet pas de l'attester), un justificatif de domicile ou de résidence (pour les personnes sans domicile fixe : l'attestation de domiciliation (droit n° 2), pour les personnes habitant à l'hôtel ou hébergé, une facture établie à votre nom et une attestation du directeur de l'hôtel ou de l'hébergeant).

Pour les mineurs, l'un des justificatifs de l'autorité parentale ou du représentant légal.

Pour les demandes de renouvellement, fournissez l'ancienne carte d'identité ou la déclaration de perte ou de vol.

Que faire en cas de contrôle d'identité ?

Les agents et officiers de police judiciaire, les gendarmes et dans certaines conditions les douaniers peuvent procéder au contrôle de l'identité de tout individu sous certaines conditions définies par la loi.

Quand et où peut-il y avoir contrôle d'identité ?

La police ou la gendarmerie peut vous demander de justifier votre identité en cas de risque d'atteinte ou d'atteinte à l'ordre public, ou si :
- vous êtes recherché par la police ;
- la police a une autorisation écrite du procureur de la république pour le faire ;
- vous êtes dans une zone frontalière ou équivalente (à moins de 20 km de la frontière française, dans les ports, les gares et les aéroports) ;

– vous êtes susceptible de fournir des renseignements utiles à une enquête.

⚠ Les agents SNCF-RATP ou la police municipale peuvent seulement procéder à un relevé d'identité (demander votre nom et adresse). Les vigiles et agents de sécurité privée n'ont pas le droit de réaliser un relevé ou un contrôle d'identité.

Si vous êtes étranger, vous devez également établir la régularité de votre séjour sur le territoire.

Vous pouvez justifier de votre identité par tout moyen (présenter votre carte d'identité, votre passeport, permis de conduire… ou utiliser le témoignage d'un parent ou d'un ami présent).

Que se passe-t-il en cas de doute, refus ou impossibilité de justifier l'identité ?

Vous êtes amené au poste de police (brigade de gendarmerie éventuellement) pour vérification.

Certaines règles doivent être respectées :
- vous ne pouvez pas être retenu dans les locaux de la police plus de 4 heures (8 heures si vous êtes à Mayotte) entre le début du contrôle et la fin de la vérification d'identité ;
- le procureur de la République doit être informé de la procédure si vous êtes mineur,

votre représentant légal doit être prévenu et être présent pour vous assister ;

- un procès-verbal (équivalent d'un compte rendu) doit être dressé. Si vous n'êtes pas d'accord avec son contenu, vous n'êtes pas obligé de le signer.

La police a le droit de prendre des photographies de vous ou vos empreintes digitales si vous persistez à refuser de justifier de votre identité, sur autorisation du procureur ou du juge d'instruction.

⚠ Le refus de vous prêter à ces prises d'empreinte ou photographies vous expose à une amende ou à une peine d'emprisonnement.

Si vous estimez subir des contrôles abusifs d'identité (contrôles systématiques, reposant *a priori* sur des critères discriminants), vous pouvez saisir le Défenseur des droits (droit n° 47).

2. Disposer d'une domiciliation

Code de l'action sociale et des familles, article L. 264-1

« Pour prétendre au service des prestations sociales légales, réglementaires et conventionnelles, à l'exercice des droits civils qui leur sont reconnus par la loi, ainsi qu'à la délivrance d'un titre national d'identité, à l'inscription sur les listes électorales ou à l'aide juridictionnelle, les personnes sans domicile stable doivent élire domicile soit auprès d'un centre communal ou intercommunal d'action sociale, soit auprès d'un organisme agréé à cet effet [...] ».

Qui peut se faire domicilier ?

Toute personne n'ayant pas de domicile stable et donc pas d'adresse. Si vous êtes incarcéré et que vous n'avez pas de domicile à l'extérieur, vous pouvez vous faire domicilier au sein de l'établissement pénitentiaire.

⚠ Les étrangers en situation irrégulière ne peuvent obtenir une domiciliation que pour deux prestations : l'aide juridictionnelle (droit n° 48) et l'aide médicale d'État (droit n° 34). Les demandeurs d'asile relèvent d'une autre procédure de domiciliation.

À quoi sert la domiciliation ?

Une domiciliation vous permet de demander, par exemple :
- l'établissement ou le renouvellement d'une pièce d'identité (CNI, passeport),
- l'inscription sur les listes électorales (droit n° 43),
- l'aide juridictionnelle (droit n° 48),
- différentes prestations sociales (droit n° 27, droit n° 28, droit n° 29, droit n° 30),
- l'ouverture d'un compte bancaire (droit n° 39).

⚠ L'organisme qui domicilie n'a pas toujours le droit de vous domicilier pour toutes ces demandes : il précisera les demandes que vous pourrez faire.

Comment se faire domicilier ?

Vous devez avoir un lien avec la commune dans laquelle vous faites la demande ou avoir envie de vous y installer de manière stable (un emploi dans la commune, un hébergement, un enfant résidant dans la commune, un suivi au Pôle emploi ou une association...).

Déposez une demande auprès d'un centre communal d'action sociale (CCAS), d'un centre intercommunal d'action sociale (CIAS) ou d'un organisme agréé (par ex. une association de lutte contre l'exclusion). La liste des organismes agréés est disponible dans toutes les mairies.

Après entretien, l'organisme de domiciliation délivre une attestation de domiciliation. Elle est valable un an et est renouvelable.

Que se passe-t-il en cas de rejet de la demande ?

Le CCAS peut refuser de vous domicilier si vous ne justifiez d'aucun lien avec la commune. Les autres organismes peuvent refuser uniquement si vous n'entrez pas dans les catégories prévues par leur convention d'agrément. Dans tous ces cas, l'organisme qui refuse de vous domicilier doit vous orienter vers un autre organisme.

Quand la domiciliation s'arrête-t-elle ?

La domiciliation s'arrête à la fin de l'attestation de domiciliation si elle n'est pas renouvelée ou lorsque vous :
- en faites la demande ;
- avez trouvé une solution de logement durable ;
- ne vous êtes pas présenté tous les trois mois à l'organisme qui vous a domicilié.

3. Accéder au séjour

CESEDA, article L. 311-1

« Sous réserve des dispositions de l'article L. 121-1 ou des stipulations d'un accord international, tout étranger âgé de plus de dix-huit ans qui souhaite séjourner en France doit, après l'expiration d'un délai de trois mois depuis son entrée en France, être muni d'une carte de séjour ».

Toute personne étrangère d'un pays qui n'appartient pas à l'Union européenne, âgée de plus de 18 ans, doit être titulaire d'un titre de séjour pour séjourner en France.

Dans quelles situations demander un titre de séjour ?

Le Code de l'entrée et du séjour des étrangers et du droit d'asile (CESEDA) prévoit plusieurs cas d'admission au séjour en France, selon votre situation :

- pour des motifs professionnels (activité professionnelle en France) ;
- pour vos études ou stages en entreprise ;
- pour des motifs personnels et familiaux (mariage, concubinage, PACS, enfant français,

enfance passée en France, état de santé, visite de proche, retraite) ;
- pour des motifs humanitaires (longue présence en France ; situation exceptionnelle, par ex. victime de traite des êtres humains…).

➤ Les conditions fixées par les textes sont interprétées très strictement et méritent d'être détaillées. Avant de saisir la préfecture d'une demande d'admission au séjour, consultez une association spécialisée ou un dispositif d'accès au droit (droit n° 46). Bénéficier d'une aide dans vos démarches est également important : soutien dans la constitution du dossier, accompagnement auprès de la préfecture, aide au recours…

Apportez avec vous tous les documents concernant :
- votre présence en France (avis d'imposition, fiches de paie, quittances de loyer, factures de téléphone, d'électricité, de gaz, d'hôpital à votre nom, cartes de transport en commun, certificat de scolarité, inscription à une association, courrier à votre nom envoyé par une administration à votre domicile, rendez-vous médicaux…) ;
- votre état civil et celui de votre famille (passeport, actes de naissance et de mariage, livret de famille, certificat de nationalité…) ;
- l'existence de liens familiaux en France / de la présence en France d'enfants scolarisés (certificat de scolarité des enfants, attestation des professeurs, certificats ou ordonnances médicales, factures de fournitures scolaires, inscriptions diverses…) ;
- tout document de nature à spécifier votre situation (problème de santé, situation de victime d'une infraction grave…).

Où demander un titre de séjour ?

Déposez la demande en personne à la préfecture de votre lieu de domicile (dans certains départements, le dépôt des demandes est organisé auprès des sous-préfectures, mairies, commissariats ou centres de réception des étrangers).

Si vous êtes incarcéré, vous pouvez demander la délivrance ou le renouvellement d'un titre de séjour. Certaines préfectures acceptent de recevoir le dossier par voie postale. À défaut, vous devez attendre de pouvoir bénéficier d'une permission de sortir pour vous rendre en personne à la préfecture. Il est recommandé de consulter préalablement en détention un point d'accès au droit, une association ou encore un conseiller pénitentiaire d'insertion et de probation.

Que faire en cas de rejet de la demande ?

L'administration doit vous répondre dans un délai de quatre mois maximum à compter de l'enregistrement de votre demande, par lettre recommandée avec accusé de réception. En cas de refus, la décision est généralement accompagnée d'une obligation de quitter le territoire français (OQTF). Si vous ne recevez aucun courrier à l'expiration du délai de quatre mois vous pouvez considérer ce silence comme un rejet.

⚠ Si l'OQTF prévoit un délai de départ volontaire, vous avez trente jours pour contester la décision du préfet auprès du tribunal administratif dans le ressort duquel se trouve la préfecture qui a refusé votre demande. Ce délai court à compter du jour où le courrier recommandé vous a été remis ou à compter du refus implicite (soit après les quatre mois de silence gardé par l'administration à partir du dépôt de votre demande de titre). Vous ne disposez que de 48 heures si aucun délai de départ volontaire ne vous a été accordé ou si vous êtes placé en centre de rétention.

➤ Il est conseillé d'être accompagné par une association ou un avocat spécialisé en droit des étrangers.

4. Être protégé au titre de l'asile et de l'apatridie

Déclaration universelle
des droits de l'Homme, article 14

« Devant la persécution, toute personne a le droit de chercher asile et de bénéficier de l'asile en d'autres pays ».

Le droit d'asile vous permet d'être protégé lorsque vous avez quitté votre pays et que vous ne pouvez pas y retourner par crainte d'y être persécuté du fait de votre race, religion, nationalité, appartenance à un certain groupe social, de vos opinions politiques ou de votre action passée en faveur de la liberté. Vous pouvez aussi bénéficier d'une protection (protection subsidiaire) si vous êtes exposé, dans votre pays, à un risque de peine de mort, de torture, de peine ou traitement inhumain ou dégradant ou de menace grave, directe et individuelle contre votre vie ou votre personne en raison d'une violence généralisée résultant d'une situation de conflit armé interne ou international.

Comment déposer une demande d'asile ?

Pour solliciter l'asile ou la protection subsidiaire, vous devez vous présenter à la préfecture de votre lieu de résidence ou de domiciliation, fournir des informations sur votre état civil et vos conditions d'entrée en France, indiquer votre adresse et joindre quatre photos d'identité. La préfecture enregistre vos empreintes digitales, et vous remet une convocation dans les quinze jours maximum.

La procédure normale

Sauf exceptions prévues par les textes, la préfecture vous délivre généralement une autorisation provisoire de séjour (APS) d'une durée d'un mois, un formulaire de demande d'asile à remplir et à envoyer à l'Office français de protection des réfugiés et apatrides (OFPRA) dans un délai de vingt et un jours, un guide du demandeur d'asile et une offre d'hébergement en centre d'accueil pour les demandeurs d'asile (CADA). En cas d'impossibilité de vous héberger en CADA, si vous en faites la demande, vous pouvez percevoir une allocation temporaire.

Lorsque l'OFPRA a reçu votre dossier complet, une lettre d'enregistrement vous est adressée. Vous devez alors vous présenter à la préfecture pour obtenir un récépissé de dépôt de demande d'asile, valable six mois, renouvelable de trois mois en trois mois jusqu'à la réponse définitive à votre demande.

⚠ Présentez-vous à la préfecture un jour avant l'expiration du récépissé pour demander son renouvellement, avec un justificatif de votre adresse.

L'OFPRA vous envoie ensuite une convocation pour un entretien sur les raisons de votre demande d'asile, dans ses locaux, au cours duquel vous pouvez être assisté d'un interprète si besoin.

⚠ Cet entretien est très important. Préparez-le avec une association spécialisée. En cas d'empêchement, prévenez impérativement l'OFPRA afin qu'une nouvelle date soit fixée.

À la suite de l'instruction de votre demande, l'OFPRA peut soit :

- vous reconnaître le statut de réfugié (carte de résident de dix ans renouvelable) ;
- vous octroyer le bénéfice de la protection subsidiaire (un an renouvelable tant que la menace dans votre pays est actuelle) ;
- rejeter votre demande.

Que faire en cas de rejet de votre demande d'asile ?

Déposez un recours dans un délai d'un mois auprès de la Cour nationale du droit d'asile (CNDA). Sollicitez l'aide juridictionnelle si vos ressources sont insuffisantes pour payer les frais de justice (droit n° 48). L'aide d'un avocat ou d'une association spécialisée est recommandée (droit n° 46).

⚠ Une fois ce délai expiré, si vous n'avez pas saisi la CNDA, vous perdez votre place en centre d'hébergement pour demandeur d'asile ou le versement de l'allocation temporaire d'attente (allocation pour demandeur d'asile prochainement), et vous n'êtes plus supposé rester en France (sauf si vous pouvez prétendre à un titre de séjour sur un autre fondement) (droit n° 3).

Que faire si vous êtes apatride ?

Vous êtes apatride si vous n'avez pas de nationalité parce qu'aucun État ne vous reconnaît comme son ressortissant ou qu'un État vous a déchu de votre unique nationalité. Vous pouvez alors adresser une demande de protection par écrit et en français à l'OFPRA (avec vos noms, prénoms, adresse et les raisons pour lesquelles vous n'avez pas de nationalité).

En retour, l'OFPRA vous envoie un certificat d'enregistrement de votre demande et un formulaire (à remplir et renvoyer par courrier recommandé avec accusé de réception) et vous convoque ensuite à un entretien.

Si le statut d'apatride vous est reconnu, vous êtes placé sous la protection juridique et administrative de l'OFPRA et la préfecture de votre domicile doit vous délivrer une carte de séjour temporaire d'un an avec autorisation de travail, renouvelable chaque année.

S'il vous est refusé, vous pouvez contester la décision de l'OFPRA en adressant un recours au tribunal administratif de votre domicile dans les deux mois suivant la notification du refus. L'aide d'un avocat ou d'une association spécialisée est recommandée (droit n° 46, droit n° 48).

Ressources utiles

Office français de protection des réfugiés et apatrides (OFPRA)
201, rue Carnot
94136 Fontenay-sous-Bois cedex
tél. 01 58 68 10 10
www.ofpra.gouv.fr

Cour nationale du droit d'asile (CNDA)
35, rue Cuvier
93558 Montreuil cedex
tél. 01 48 18 40 00
www.cnda.fr

5. Se défendre en cas de discrimination

Constitution du 4 octobre 1958, Préambule

« La France est une République indivisible, laïque, démocratique et sociale. Elle assure l'égalité devant la loi de tous les citoyens sans distinction d'origine, de race ou de religion. Elle respecte toutes les croyances. Son organisation est décentralisée [...] ».

La loi interdit la discrimination : traitement défavorable d'une personne ou différence de traitement par rapport à une autre, placée dans une situation comparable, qui se base sur un ou des critères spécifiquement visés par la loi et intervient dans un domaine également prévu par la loi (l'emploi, l'éducation, l'accès à des biens et des services publics et privés, tels que l'accès à une activité de loisir, l'achat d'un bien, la location d'un logement, la souscription d'un crédit bancaire). L'interdiction de la discrimination concerne autant l'administration que les personnes privées.

Quels sont les critères interdits par la loi ?

- le sexe
- l'origine (dont couleur de peau)
- la grossesse
- l'âge
- l'état de santé
- le handicap
- l'orientation sexuelle
- l'apparence physique
- l'appartenance ou la non-appartenance, vraie ou supposée, à une « ethnie », une nation, une « race » ou une religion déterminée
- le lieu de résidence
- les activités syndicales
- les opinions politiques
- la situation de famille
- le patronyme
- les caractéristiques génétiques
- l'identité sexuelle/identité de genre
- les mœurs.

Comment se manifeste une discrimination ?

• Une discrimination peut être directe ou indirecte

Elle est **directe** lorsque, sur la base d'un critère interdit, une personne est traitée de manière moins favorable qu'une autre ne l'est, ne l'a été ou ne l'aurait été dans une situation comparable.

Elle est **indirecte** lorsqu'une disposition, un critère ou une pratique neutre en apparence entraîne un désavantage particulier pour une ou plusieurs personnes, relevant d'un critère prohibé, par rapport à d'autres personnes, à moins que cette disposition, ce critère ou cette pratique ne soit objectivement justifiée par un but légitime et que les moyens pour réaliser ce but ne soient nécessaires et appropriés.

Que faire contre une discrimination ?

- **Saisir le Défenseur des droits (DDD)**

Vous pouvez le saisir directement en envoyant un courrier, en complétant le formulaire en ligne ou par téléphone. Vous pouvez aussi solliciter l'un de ses délégués, près de chez vous, au sein d'un dispositif d'accès au droit (droit n° 46).

Si la discrimination est caractérisée, le DDD peut :
- régler à l'amiable le litige ou désigner un médiateur chargé d'entendre les personnes

concernées (auteur et victime) pour trouver une solution. La médiation peut durer six mois maximum ;
- proposer à l'auteur de la discrimination une ou plusieurs sanctions (paiement d'une amende, indemnisation de la victime, publicité des faits). S'il accepte, une transaction est signée et homologuée par le procureur de la République ;
- saisir le procureur de la République pour engager une action en justice, notamment si l'auteur de la discrimination refuse la transaction.

⚠ Saisir le DDD ne suspend et n'interrompt pas les délais de prescription des actions et les délais de recours devant la justice.

- **Agir au pénal**

La discrimination intentionnelle est un délit : elle est donc pénalement sanctionnée. Vous pouvez porter plainte dans un délai de trois ans suivant les faits. Si la plainte débouche sur une procédure pénale, vous pouvez vous constituer partie civile.

Si elle est classée sans suite, vous pouvez déposer une plainte avec constitution de partie civile devant le juge d'instruction du tribunal de grande instance dépendant de votre lieu de domicile ou faire une citation directe devant le tribunal correctionnel.

• Agir au civil pour obtenir une réparation au titre des dommages et intérêts

Vous pouvez aussi, dans un délai de cinq ans, saisir une juridiction civile (le conseil des prud'hommes en cas de discrimination dans le cadre du travail ou le tribunal d'instance ou de grande instance en cas de discrimination par une personne privée autre que votre employeur) ou le tribunal administratif (en cas de discrimination par un agent public) et demander le versement de dommages et intérêts.

⚠ Ces démarches sont complexes et nécessitent que vous soyez bien informé sur leurs conséquences : sollicitez l'aide d'associations spécialisées ou les conseils d'un avocat (droit n° 46, droit n° 48).

➤ Divers moyens peuvent être utiles pour prouver une discrimination (produire des témoignages, le courrier ou le formulaire dans lequel on vous a demandé de renseigner votre origine ou votre religion alors que cela n'était pas justifié...). Rassemblez ceux que vous pouvez lorsque vous entamez vos démarches.

Ressources utiles

En cas de discrimination, saisir le

Défenseur des droits (DDD)
7, rue Saint-Florentin
75409 Paris cedex 08
www.defenseurdesdroits.fr
tél. 09 69 39 00 00

VIE PRIVÉE ET FAMILIALE

6. Protéger sa vie privée
7. Exercer son autorité parentale
8. Bénéficier de prestations familiales
9. Être accompagné dans la gestion de ses prestations sociales et familiales
10. Être protégé en cas de vulnérabilité

➤ Chacun d'entre nous a le droit à la protection de sa vie privée et familiale. Diverses aides financières existent pour les parents. Il est aussi important de connaître les services compétents lorsque la protection d'un enfant est en jeu. En cas de difficulté, des professionnels peuvent être mobilisés pour une aide à la gestion de prestations sociales et/ou familiales. En cas de vulnérabilité particulière, des mesures de protection juridique peuvent être activées pour assurer la défense de notre personne et de nos intérêts.

6. Protéger sa vie privée

Convention de sauvegarde
des droits de l'Homme
et des libertés fondamentales, article 8

« Toute personne a droit au respect de sa vie privée et familiale, de son domicile et de sa correspondance ».

Qu'appelle-t-on vie privée et en quoi est-elle protégée ?

La vie privée recouvre de multiples aspects et doit pouvoir être préservée dans différents contextes.

Votre **domicile** : les situations et modalités dans lesquelles les forces de l'ordre peuvent le perquisitionner sont strictement encadrées par la loi. En dehors de ce cadre, le fait pour une personne dépositaire de l'autorité publique ou chargée d'une mission de service public, ou une personne privée, de s'introduire dans votre domicile (ou de tenter de le faire) contre votre gré est un délit.

Votre **intimité** et vos **correspondances** : il est répréhensible de capter, enregistrer, transmettre des paroles que vous auriez prononcées à titre privé ou confidentiel, sans votre consentement ou de faire de même avec votre image lorsque vous êtes dans un lieu privé. Vos correspondances (papier ou électroniques) sont protégées. Leur ouverture, interception, suppression ou détournement par autrui constituent un délit.

Votre **situation de santé** : le secret médical prévoit que tout professionnel de santé ne peut, sauf exceptions, révéler des éléments relatifs à votre état de santé sans votre accord. Pour un médecin, cela couvre ce qui lui a été confié, ce qu'il a vu, entendu ou compris.

Que faire en cas d'atteinte à votre vie privée ?

Suivant les situations, engagez une action en justice au civil ou déposez plainte (droit n° 49). Si des professionnels sont en cause, vous pouvez saisir par courrier les organisations dont ils dépendent (conseil départemental de l'ordre des médecins, conseil de l'ordre des avocats...) qui pourront intervenir (démarche de conciliation, procédure disciplinaire...).

7. Exercer son autorité parentale

Code civil, article 371-1

« L'autorité parentale est un ensemble de droits et de devoirs ayant pour finalité l'intérêt de l'enfant.
Elle appartient aux parents jusqu'à la majorité ou l'émancipation de l'enfant pour le protéger dans sa sécurité, sa santé et sa moralité, pour assurer son éducation et permettre son développement, dans le respect dû à sa personne.
Les parents associent l'enfant aux décisions qui le concernent, selon son âge et son degré de maturité ».

L'autorité parentale correspond au droit des parents de prendre les décisions relatives à l'éducation de l'enfant, la gestion de ses biens, l'accomplissement des actes usuels et, dans le même temps, à leur devoir d'assurer son entretien et sa protection.

Qui a l'autorité parentale ?

Les deux parents (même non mariés ou séparés) exercent l'autorité parentale sur l'enfant dès lors qu'ils l'ont tous les deux reconnu avant l'âge d'un an. Les décisions importantes le concernant (santé, nationalité, choix d'établissement scolaire…) doivent être prises conjointement.

Un parent n'exerce pas ou plus l'autorité parentale si :

– il a reconnu l'enfant après l'âge d'un an et n'a pas fait la démarche pour obtenir son exercice ;

– il n'est plus en état d'exercer son autorité (absence, incapacité…) ;

– il a été privé de l'autorité parentale ;

– l'enfant a été émancipé.

Le parent qui n'a pas l'autorité parentale peut obtenir un droit de visite et a le droit d'être informé sur les choix faits par l'autre parent. Le père, qui a reconnu son enfant après l'âge d'un an, peut demander à exercer en commun l'autorité parentale avec la mère en saisissant le juge aux affaires familiales (JAF).

Peut-on la perdre ?

Seul un juge peut décider de vous retirer l'autorité parentale si, pour des raisons diverses, vous ne pouvez plus assurer et/ou mettez en danger manifeste la sécurité, la santé ou la moralité de votre enfant (mauvais traitements, consommation habituelle et excessive de boissons alcoolisées ou usage de stupéfiants...).

Le juge pénal peut aussi prononcer ce retrait (total ou partiel) vis-à-vis d'un parent responsable d'infractions pénales graves à l'encontre de son enfant ou conjoint.

Le ou les parents doivent justifier de circonstances nouvelles et dans l'intérêt de l'enfant pour demander la restitution de leur autorité parentale. Cette restitution peut aussi être totale ou partielle. Ils ne peuvent saisir le juge qu'un an après le jugement ayant prononcé le retrait. La demande ne peut être considérée si, avant son dépôt, l'enfant a été placé en vue de son adoption.

Qu'est-ce que la délégation d'autorité parentale ?

Il est possible de confier l'autorité parentale à une personne autre que les parents (membre de la famille, proche digne de confiance, établissement agréé ou service d'aide sociale à l'enfance).

Elle peut être demandée par les parents au JAF du tribunal de grande instance (TGI) de leur domicile en cas de grande difficulté ou de situation particulière (éloignement, hospitalisation, incarcération...). Le JAF peut aussi l'imposer si les parents se désintéressent manifestement de leur enfant ou sont dans l'impossibilité d'exercer leur autorité parentale, totalement ou partiellement.

Pour y mettre fin, saisissez le juge en expliquant en quoi la situation a évolué et vous permet de nouveau d'exercer l'autorité parentale.

Que se passe-t-il si votre enfant est pris en charge par l'aide sociale à l'enfance (ASE) ?

Vous continuez (sauf décision de retrait total ou partiel du juge) à exercer tous les attributs de l'autorité parentale qui ne sont pas inconciliables avec cette mesure.

L'ASE doit vous informer des effets concrets de la prise en charge sur les droits et les obligations de l'enfant et les vôtres. Vous devez être associé à la définition d'un projet pour votre enfant et continuer de prendre certaines décisions importantes le concernant.

Vous conservez en principe un droit de visite et d'hébergement. Les professionnels qui accompagnent votre enfant évoqueront avec vous des questions de scolarité, d'activités, de santé etc. Vous pouvez éventuellement, suivant la décision du juge, continuer de percevoir des allocations familiales (droit n° 8).

⚠ Au 1er juillet 2015, une proposition de loi relative à la protection de l'enfance, susceptible donc de modifier certaines dispositions dans la loi, était en cours de discussion.

Quels sont les soutiens à la parentalité ?

Des aides existent comme les réseaux d'écoute, d'appui et d'accompagnement aux parents (REAAP) ou les « lieux d'accueil parents-enfants ». Ce sont des lieux d'accueil libres (sans contrat), généralement gratuits et confidentiels pour les parents et leurs enfants de moins de 6 ans.

Renseignez-vous auprès de votre mairie ou caisse d'allocations familiales (CAF). D'autres soutiens peuvent être mis en œuvre, notamment par l'ASE dans le cadre de l'accompagnement en économie sociale et familiale (droit n° 9).

Ressources utiles

S'informer sur les droits de l'enfant et les aides et services disponibles :
www.mon-enfant.fr

8. Bénéficier de prestations familiales

Prestation pour les jeunes enfants (– 3 ans)

Code de la sécurité sociale, article L. 531-1

« Ouvrent droit à la prestation d'accueil du jeune enfant l'enfant à naître et l'enfant né dont l'âge est inférieur à un âge limite ».

La **prestation d'accueil du jeune enfant (PAJE)** – allocation de base : aide financière accessible à la naissance de votre enfant (ou lorsque vous adoptez un enfant). Vous pouvez en bénéficier jusqu'à ce qu'il ait 3 ans. Son montant varie selon vos revenus et la composition familiale. À titre d'exemple, il est de 184,62 € par mois à taux plein (au 1er avril 2015). D'autres allocations sont susceptibles de s'ajouter à cette allocation de base.

La **prime de naissance** : pour couvrir les premières dépenses lors de l'arrivée de l'enfant (versement forfaitaire unique). Son montant est de 923,08 € (au 1er avril 2015) par enfant (à multiplier si vous avez des jumeaux ou des triplés). Il existe aussi une prime en cas d'adoption (de 1 846,15 €).

La **prestation partagée d'éducation de l'enfant (PreParE)** (appelée « complément de libre choix d'activité (CLCA) » pour toute naissance ou adoption avant le 1er janvier 2015) : si vous avez cessé ou réduit votre activité professionnelle pour élever votre ou vos enfant(s). En cas de cessation totale d'activité, son montant est de 390,53 € par mois (au 1er avril 2015) et diminue pour des temps de travail réduits.

Le **complément de libre choix du mode de garde (CMG)** : si vous avez une activité professionnelle et que vous faites garder votre ou vos enfant(s) de moins de 6 ans par une assistante maternelle agréée, une garde à domicile, une association ou entreprise habilitée ou une micro-crèche. Le montant de la prise en charge dépend des ressources et de la composition du foyer et du mode de garde.

Certaines de ces allocations sont cumulables. Renseignez-vous auprès de votre caisse d'allocations familiales, la mutualité sociale agricole (MSA) ou d'un travailleur social.

Qui peut bénéficier de ces aides ?

Il faut :
- résider régulièrement en France. Si vos enfants sont nés à l'étranger, vous devez justifier de leur entrée régulière en France, même si des exceptions existent ;
- avoir des ressources inférieures à des « plafonds » (spécifiques à chaque prestation), qui tiennent compte du nombre de vos enfants, de votre situation familiale et professionnelle. Si vous êtes sans domicile stable, vous devez être domicilié (droit n° 2).

➤ Vous pouvez effectuer en ligne une simulation de vos droits concernant la PAJE sur le site de la CAF.

Comment les demander ?

La PAJE (et ses différentes composantes) est une prestation versée par la CAF ou, si vous dépendez du régime de sécurité sociale agricole par la mutualité sociale agricole (MSA).

Certaines prestations sont versées automatiquement quand les conditions sont remplies. D'autres doivent être demandées en s'adressant à la CAF ou la MSA.

Prestations pour les familles de deux enfants ou plus (allocations familiales et complément familial)

Les **allocations familiales** sont versées si vous avez au moins deux enfants à charge de moins de 20 ans. Leur montant varie en fonction du revenu (depuis le 1er juillet 2015) et de la composition familiale.

⚠ Aux 14 ans de votre enfant, le montant par mois est majoré (pas de majoration pour l'aîné si vous avez uniquement deux enfants à charge). Dans les familles d'au moins trois enfants dont un des enfants a plus de 20 ans et vit toujours dans sa famille, une allocation forfaitaire est versée jusqu'aux 21 ans de cet enfant.

⚠ Dans les départements d'outre-mer, des allocations familiales sont attribuées dès le premier enfant à charge, même si elles sont d'un montant plus faible.

Qui peut en bénéficier ?

Vous devez être français ou avoir un titre de séjour valable au moins trois mois, et avoir au moins deux enfants à charge. Chacun de vos enfants doit avoir moins de 16 ans ou entre 16 et 20 ans s'il ne gagne pas plus de 55 % du SMIC.

Le **complément familial** est une aide versée si vous avez au moins trois enfants, âgés entre 3 et 21 ans. Selon le niveau de vos ressources, ce montant est de 202,05 € ou 168,35 € par mois (au 1er avril 2015).

Qui peut en bénéficier ?

Vous devez être français ou avoir un titre de séjour valable au moins trois mois et avoir au moins trois enfants à charge, âgés entre 3 et 21 ans. Vous ressources doivent être inférieures à un plafond fonction du nombre d'enfants.

Ces prestations sont cumulables avec toutes les autres prestations.

Comment les demander ?

Elles sont versées automatiquement par la CAF ou MSA dès le deuxième enfant à charge, si vous avez signalé l'arrivée d'un nouvel enfant. Si vous n'êtes pas déjà allocataire, remplissez un dossier et renvoyez-le à votre CAF ou MSA.

L'allocation d'éducation de l'enfant handicapé (AEEH)

Code de la sécurité sociale, article L. 541-1

« Toute personne qui assume la charge d'un enfant handicapé a droit à une allocation d'éducation de l'enfant handicapé, si l'incapacité permanente de l'enfant est au moins égale à un taux déterminé ».

L'AEEH est versée aux parents d'enfant handicapé ou dont la maladie est handicapante pour les aider à couvrir les charges spécifiques liées à leur éducation. Son montant dépend du taux d'incapacité de l'enfant. Le montant de base est de 129,99 € par mois (au 1er avril 2015). Un complément dont le montant varie (entre 97,94 € et 1 103,08 €) peut s'y ajouter, en fonction des frais liés au handicap de l'enfant (soins non remboursés, frais de transport, achat d'un fauteuil roulant...) ou liés au recours à une tierce personne (salariat d'une aide à domicile ou réduction de votre temps de travail). Si vous élevez seul votre enfant, l'AEEH peut être complétée par une majoration pour parent isolé (MPI).

Qui peut en bénéficier ?

Vous devez être français ou avoir un titre de séjour valable au moins trois mois et avoir à votre charge un enfant handicapé. Il doit présenter une incapacité d'au moins 80 % ou présenter une incapacité comprise entre 50 % et 79 % s'il fréquente un établissement spécialisé ou si son état exige le recours à un service d'éducation spéciale ou de soins à domicile, n'être pas en internat avec prise en charge intégrale des frais de séjour par l'assurance maladie, l'État ou l'aide sociale.

Comment la demander ?

La demande doit être faite auprès de votre maison départementale des personnes handicapées (MDPH), accompagnée d'un certificat médical de moins de trois mois. La MPI est attribuée directement par la CAF si vous remplissez les conditions.

Allocation journalière de présence parentale (AJPP)

L'**AJPP** permet de compenser votre perte de revenu (salaire ou indemnités) lorsque vous interrompez votre travail ou votre recherche d'emploi pour être près de votre enfant malade ou accidenté. Son montant par jour est fixé à 42,97 € pour un couple et 51,05 € pour une personne seule au 1er avril 2015. Le droit est ouvert par période de six mois renouvelable dans la limite de trois ans. Au cours de cette période de trois ans, vous pouvez bénéficier de trois cent dix allocations journalières maximum.

Si vous devez engager des dépenses liées à l'état de santé de l'enfant pour un montant égal ou supérieur à 109,90 €, un complément mensuel peut vous être versé. Il n'est pas dû en cas d'interruption ou de fin de droits à l'AJPP. Il dépend aussi de vos ressources.

Qui peut en bénéficier ?

Vous devez être français ou avoir un titre de séjour valable au moins trois mois et avoir à charge un enfant de moins de 20 ans gravement malade, handicapé ou accidenté, nécessitant d'être à ses côtés. Et bénéficier d'un congé de présence parentale si vous êtes salarié, à demander à votre employeur.

Si vous percevez une allocation-chômage (aide au retour à l'emploi – ARE), elle sera automatiquement suspendue quand vous percevrez l'AJPP.

Comment la demander ?

Cette prestation est versée par la caisse d'allocation familiale (CAF) ou la mutualité sociale agricole (MSA) : remplissez une demande auprès de la CAF/MSA (formulaire dédié qui doit s'accompagner des éléments médicaux).

L'allocation de soutien familial (ASF)

L'**ASF** est une aide destinée au parent qui élève seul son/ses enfants ou à la personne qui a recueilli un enfant privé de ses deux parents. L'enfant doit être âgé de moins de 20 ans. Son montant est de 100,08 € pour un enfant privé de l'aide de l'un de ses parents, et de 133,39 € pour un enfant privé de l'aide de ses deux parents au 1er avril 2015. L'allocation est due à compter du mois suivant l'événement qui y donne droit (décès, divorce, abandon, incarcération du conjoint…).

Qui peut en bénéficier ?

Vous pouvez en bénéficier si vous élevez seul votre enfant ou un enfant recueilli (s'il exerce une activité professionnelle, sa rémunération ne doit pas excéder 893,25 €). Vous en bénéficiez sans condition si l'autre parent est décédé ou que vous êtes seul à avoir reconnu l'enfant. Pour le tiers ayant recueilli l'enfant, une décision de justice doit lui en avoir confié la charge et il doit l'assumer effectivement. L'ASF peut aussi vous être versée provisoirement si vous devez bénéficier d'une pension alimentaire, sur décision de justice, mais que celle-ci ne vous est pas versée (ou pendant quatre mois, le temps que vous engagiez une action auprès du Juge aux affaires familiales (JAF) pour fixer le montant de la pension).

Comment demander cette aide ?

La demande est à adresser à la CAF ou MSA, avec les formulaires spécifiques en ligne ou à retirer sur place.

En cas de difficultés

Que faire en cas de refus d'ouverture ou de maintien de droits à des prestations familiales ?

Ces cas surviennent en principe quand votre situation ne répond pas ou plus aux conditions. Vérifiez les indications figurant sur les courriers de la CAF/MSA vous notifiant la décision. Écrivez ou appelez pour obtenir des explications si besoin. En cas de désaccord, saisissez par courrier la commission de recours amiable (CRA) de la CAF/MSAF en exposant votre demande et en joignant copie de la décision contestée et l'ensemble des documents utiles (en recommandé avec accusé de réception).

⚠ Vous disposez de deux mois à compter de la réception du courrier de refus pour entreprendre cette démarche. Si vous recevez à nouveau un refus, vous pouvez saisir le tribunal des affaires de sécurité sociale (TASS) dans un délai de deux mois. Si vous ne recevez pas de réponse de la CRA dans un délai d'un mois, il s'agit d'un refus implicite et vous avez deux mois pour saisir le tribunal.

L'assistance d'un avocat n'est pas obligatoire pour saisir le TASS. La procédure est gratuite.

Vous pouvez aussi saisir le médiateur de la CAF (appelé aussi « médiateur administratif »), présent dans certaines CAF (droit n° 47).

⚠ Sa saisine ne suspend pas les délais de recours indiqués plus haut.

Le Défenseur des droits (DDD) peut aussi être sollicité pour examiner votre requête (droit n° 47).

➤ N'hésitez pas à consulter un service d'accès au droit pour évaluer l'opportunité d'initier un recours et les modalités les plus adaptées.

⚠ Pour l'allocation d'éducation de l'enfant handicapé, si le rejet provient de la MDPH, vous pouvez lui demander par courrier, dans un délai de deux mois, de réexaminer votre situation (recours gracieux) ou saisir le tribunal du contentieux de l'incapacité (TCI).

Que faire face à une demande de remboursement d'une prestation familiale perçue (« trop perçu ») ?

Si vous devez rembourser une prestation familiale ou que la CAF ou la MSA va saisir vos prestations, vous pouvez :
- négocier des aménagements pour le remboursement (par mensualités par ex.) ;
- demander une remise de dette totale ou partielle.

Quelques situations particulières

Accès aux prestations pour les familles étrangères

Si vous êtes étranger, vous devez être en situation régulière et vos enfants doivent être nés en France ou entrés sur le territoire dans le cadre de la procédure de « regroupement familial ». En dehors de cette procédure et en fonction de votre nationalité, une convention bilatérale entre la France ou l'Union européenne et votre pays d'origine peut néanmoins exister et s'appliquer, et vous permettre de bénéficier de ces prestations. Renseignez-vous auprès de services d'aide juridique (droit n° 46).

Que deviennent les allocations familiales lorsque votre enfant est placé ?

Les allocations familiales continuent d'être évaluées en tenant compte de tous les enfants. La part des allocations familiales due pour cet enfant peut être versée directement au service qui l'accueille ou continuer à vous être versée sur décision du juge des enfants.

Qui perçoit les allocations en cas de séparation ou divorce ?

Le parent ayant à charge les enfants bénéficie normalement des allocations. En cas de résidence alternée, vous pouvez déterminer d'un commun accord le parent qui percevra les allocations ou décider d'un partage des allocations familiales. Votre décision n'est pas modifiable avant un an.

À défaut d'accord, la CAF ou la MSA procède au partage des allocations familiales (vous complétez un formulaire spécifique) ou le juge aux affaires familiales décide de leur attribution (dans la mesure où il est saisi).

Ressources utiles

Localiser votre CAF/MSA, télécharger un formulaire, effectuer une simulation de vos droits :
www.caf.fr
www.msa.fr/lfr

9. Être accompagné dans la gestion de ses prestations sociales et familiales

Chacun peut, dans son parcours de vie, être en difficulté et avoir besoin d'un accompagnement pour gérer au mieux ses ressources.

Vous pouvez saisir librement et ponctuellement des dispositifs tels que l'action ou aide éducative budgétaire (AEB), gratuite, individuelle ou collective, proposée au niveau d'un conseil communal d'action sociale (CCAS) ou à l'initiative d'associations.

Vous pouvez aussi solliciter la mesure « d'accompagnement social personnalisé » (MASP), quand votre santé ou votre sécurité est menacée, ou la mesure d'« accompagnement en économie sociale et familiale » (AESF) pour vous aider à gérer le budget familial (si vous avez un ou plusieurs enfants). Leur objectif : rétablir votre autonomie dans la gestion de vos ressources.

Mesure d'accompagnement social personnalisé (MASP)

Code de l'action sociale et des familles, article L. 271-1

« Toute personne majeure qui perçoit des prestations sociales et dont la santé ou la sécurité est menacée par les difficultés qu'elle éprouve à gérer ses ressources peut bénéficier d'une mesure d'accompagnement social personnalisé qui comporte une aide à la gestion de ses prestations sociales et un accompagnement social individualisé… ».

La **MASP** permet d'être accompagné pour gérer vos ressources. Une personne (du conseil départemental ou d'un service/d'une association conventionnée) est mandatée pour vous aider à analyser votre situation budgétaire, vous accompagner dans la gestion de vos dépenses et dans vos démarches. La mesure doit prévoir des actions en faveur de votre insertion sociale et tendre à établir « les conditions d'une gestion autonome des prestations sociales ». Le fonctionnement de la mesure est modulable. Vous pouvez notamment autoriser cette personne à percevoir et gérer pour vous partie/l'ensemble des prestations sociales dont vous bénéficiez. La mesure peut être décidée pour une durée allant de six mois à deux ans et est renouvelable (maximum quatre ans).

Qui peut en bénéficier ?

Les personnes qui bénéficient d'une ou plusieurs prestations sociales (droit n° 27, droit n° 28, droit n° 29, droit n° 30).

Comment la demander ?

Sollicitez-la auprès des services d'aide sociale du conseil départemental ou des travailleurs sociaux de votre lieu de résidence pour qu'une évaluation de vos besoins soit réalisée. Un contrat est signé contenant des engagements réciproques. Il peut être interrompu à tout moment, à votre demande (par écrit) ou à l'initiative du conseil départemental (qui vous envoie un courrier motivé).

Cette mesure a-t-elle un coût ?

La MASP peut donner lieu à une obligation de contribution financière de votre part, calculée en fonction de vos ressources.

⚠ Si la MASP n'a pas permis de vous aider à surmonter vos difficultés dans la gestion de vos prestations et si votre santé ou votre sécurité est compromise, le juge des tutelles peut prononcer une « mesure d'accompagnement judiciaire » (MAJ) après vous avoir entendu. Le juge désigne un « mandataire judiciaire », habilité à percevoir et à gérer tout ou partie de vos prestations sociales. Cette mesure s'impose à vous (sans affecter votre capacité juridique). Vous pouvez solliciter la cessation ou le renouvellement de la mesure, de même que votre mandataire désigné ou le procureur de la République.

L'accompagnement en économie sociale et familiale (AESF)

Dans le cadre de l'aide sociale à l'enfance, différentes aides peuvent vous être proposées à domicile si vous rencontrez des difficultés, dont l'**AESF**. Un conseiller, qui relève du conseil départemental ou d'une association agréée peut vous aider à mieux analyser et gérer votre budget et votre situation financière familiale, dans l'ensemble des domaines pertinents aussi pour la situation de votre enfant (alimentation, entretien et hygiène, santé, logement, scolarité et loisirs…). Cette aide peut être d'une durée de six à douze mois, renouvelable.

Qui peut en bénéficier ?

Vous pouvez solliciter cette aide si vous êtes parent(s) d'un ou plusieurs enfants (mineurs) dont vous avez la charge (ou si vous êtes un tiers ayant un ou plusieurs enfants à charge) et rencontrez des difficultés sociales. Elle peut également être sollicitée si vous êtes enceinte ou si vous êtes mineur émancipé ou majeur de moins de 21 ans.

Comment la demander ?

Adressez une demande d'aide auprès d'un travailleur social du conseil départemental. La mesure peut aussi vous être proposée mais nécessite votre accord.

⚠ Si l'AESF n'apparaît pas suffisant, le juge des enfants peut prononcer une « mesure judiciaire d'aide à la gestion du budget familial » (MJAGBF) après s'être efforcé de recueillir votre adhésion (la décision peut faire l'objet d'un appel). Cette mesure donne lieu à la désignation d'un « délégué aux prestations familiales ».

10. Être protégé en cas de vulnérabilité

Code civil, article 425

« Toute personne dans l'impossibilité de pourvoir seule à ses intérêts en raison d'une altération, médicalement constatée, soit de ses facultés mentales, soit de ses facultés corporelles de nature à empêcher l'expression de sa volonté peut bénéficier d'une mesure de protection juridique [...] ».

Chacun d'entre nous peut être confronté à une altération de ses facultés mentales ou corporelles, temporaire ou définitive. Ces situations peuvent être source de vulnérabilité, limiter notre capacité à prendre certaines décisions et à défendre nous-mêmes nos intérêts. Elles peuvent nous mettre en danger et nous exposer à des abus par des tiers. Diverses mesures de protection juridique existent pour prévenir ces risques.

Quelles mesures pour quels besoins de protection ?

Les mesures de protection juridiques doivent être proportionnées au degré d'altération des facultés de la personne et adaptées à chacun.

La **sauvegarde de justice** : protection ponctuelle et limitée en cas d'incapacité temporaire. Elle peut aussi intervenir dans l'attente de l'examen d'une demande de protection plus importante.

La **curatelle** : mesure d'assistance et de conseil d'une personne dans certains actes de la vie civile. Quand elle est *simple,* la personne conserve la gestion des actes de sa vie courante, comme l'utilisation de son compte bancaire. Quand elle est *renforcée,* la personne désignée pour assurer la protection (le curateur) gère directement les ressources. La curatelle peut aussi être *aménagée :* le juge des tutelles spécifie alors les actes pour la réalisation desquels la personne doit être assistée.

La **tutelle** : répond à un besoin de protection plus important, le tuteur intervenant pour gérer l'ensemble des actes de la vie civile.

Si la mesure de protection n'est pas renouvelée, vous retrouvez l'ensemble de votre capacité juridique à agir.

mesure	durée*	autorité compétente à saisir
sauvegarde de justice (à l'initiative du médecin ou du procureur de la République)	1 an renouvelable 1 fois pour 1 an (soit 2 ans maximum)	juge des tutelles (tribunal d'instance) ou procureur de la République (en cas de sauvegarde par déclaration médicale). recours : - pas de recours si décision du juge des tutelles - procureur de la République (pour demander levée de la sauvegarde « médicale »)
curatelle (simple, renforcée ou aménagée)	5 ans maximum ou 10 ans (motivation requise) renouvelable (20 ans maximum par renouvellement)	juge des tutelles (tribunal d'instance) recours : cour d'appel
tutelle	5 ans maximum ou 10 ans (motivation requise) renouvelable (20 ans maximum par renouvellement)	juge des tutelles (tribunal d'instance) recours : cour d'appel

* Hors levée ou aménagement de la mesure avant son terme, sur décision du juge, d'office ou suite à une demande en ce sens.

Qui peut initier la mesure de protection et comment ?

La personne peut formuler une demande de mesure de protection pour elle-même. Elle peut aussi être présentée par le/la conjoint(e), le partenaire civil (PACS) ou concubin, des membres de la famille, ou des proches ayant des relations étroites et stables avec elle. Toute demande doit préciser par écrit le nom de la personne à protéger, les motifs (pourquoi cette protection semble nécessaire) et être jointe d'un certificat médical détaillé. Le procureur de la République peut enfin initier la demande, notamment s'il est saisi par un médecin ou un travailleur social.

⚠ Le certificat médical est obligatoire pour établir l'état du degré d'altération des facultés de la personne et ses besoins en termes de protection. Il doit être rédigé par un médecin expert agréé (figurant sur une liste disponible auprès du procureur de la République). Ce certificat coûte en principe 160 €, à régler par la personne à protéger ou protégée. Ce montant peut être avancé ou pris en charge en cas de situation financière particulièrement difficile : il faut alors que le procureur de la République le requiert (pour une première demande) ou que le juge des tutelles l'ordonne (demande de renouvellement). Saisissez-les en ce sens (demande de prise en charge pour « impécuniosité de la personne vulnérable »).

La mesure a-t-elle un coût ?

À l'exception du coût du certificat médical, les procédures sont gratuites. L'assistance d'un avocat n'est pas obligatoire mais souhaitable.

Lorsqu'un parent ou un proche est désigné, il exerce la mesure gratuitement. Un remboursement de ses frais peut néanmoins être demandé et validé par le juge, à la charge de la personne protégée. Quand la mesure est exercée par un professionnel, une participation financière, calculée en fonction des revenus de la personne protégée, est prévue. Des exonérations sont toutefois envisageables (par décision du préfet) en cas de difficultés particulières.

Qui l'exerce et comment ?

La mesure est prioritairement confiée à un membre de la famille ou un proche. À défaut, elle est exercée par un professionnel appelé mandataire judiciaire à la protection des majeurs. Dans tous les cas on parle de « mandataire spécial » ou « curateur » ou « tuteur » suivant la mesure. Le ou les mandataires désignés doivent rendre compte de leur gestion auprès du juge des tutelles et obtenir l'autorisation de ce dernier pour les actes les plus importants. Le mandataire judiciaire a l'obligation de tenir informé la personne de sa situation et de toutes décisions la concernant durant l'exercice de la mesure.

Quel impact sur votre autonomie et vos droits ?

Si elles peuvent être vécues comme contraignantes, ces mesures sont activées dans l'intérêt de la personne pour la protéger et/ou son patrimoine.

Le contenu du jugement relatif à la mesure de protection détermine les actes que la personne pourra faire seule, assistée ou représentée.

Ses droits à la vie privée et à l'intimité sont préservés. Ainsi, les correspondances privées restent confidentielles. Elle entretient librement les relations avec ses proches et conserve le choix de son lieu de résidence (sauf en cas de difficulté, où le juge peut en décider autrement). Ses objets personnels, ses souvenirs doivent toujours être maintenus à sa disposition.

La personne protégée conserve en principe son droit de vote (droit n° 43).

Une **Charte des droits et des libertés de la personne majeure protégée** accompagne la notice d'information remise à la personne protégée. Elle pose le *droit à l'information* : celui de disposer d'une information « claire, compréhensible, et adaptée » sur la procédure, ainsi que sur l'organisation et le fonctionnement du mandataire judiciaire à la protection des majeurs. La personne protégée doit également être informée des voies de contestation et de recours amiables et judiciaires.

Peut-on s'opposer à une mesure de protection ?

Sauf décision motivée du juge, la personne concernée par la mesure doit être entendue lors de la procédure judiciaire (de même que la personne ayant sollicité la mesure de protection). Elle peut choisir d'être assistée d'un avocat (droit n° 48), ou, avec accord du juge, d'une personne de son choix.

⚠ Le délai est de quinze jours à compter du jugement (ou de sa notification si l'information est faite par courrier) pour faire appel. Le recours peut être enregistré auprès du greffe du tribunal d'instance déjà saisi du dossier, par déclaration au greffe du juge des tutelles ou par courrier. Il doit être accompagné d'une copie du jugement contesté. Il peut être conseillé de consulter un avocat même si cela n'est pas obligatoire.

En cas de difficultés dans le cadre de la mise en œuvre de la mesure de protection, des recours existent auprès du juge des tutelles (demande motivée de changement de curateur ou tuteur...).

Et pour les mineurs ?

La tutelle des mineurs est prononcée lorsque l'enfant n'a ni père, ni mère, que ceux-ci sont décédés ou que l'autorité parentale leur a été retirée. Elle est assurée par un tuteur (ou plusieurs), sous contrôle d'un conseil de famille, présidé par le juge aux affaires familiales (JAF), réunissant des proches/membres des deux branches de la famille.

Le tuteur peut avoir été désigné par le dernier parent vivant ou à défaut choisi au sein du conseil de famille. Si aucune personne proche de l'enfant ne peut assurer la protection, celle-ci est confiée aux services de l'aide sociale à l'enfance (ASE) du conseil départemental (« tutelle vacante »).

Si vous êtes mineur et concerné, vous avez le droit d'être entendu et d'exprimer votre point de vue auprès du conseil de famille en demandant sa réunion (sur demande au juge). Dans les cinq ans suivant votre majorité, vous pouvez aussi contester les mesures prises par la tutelle si vous estimez qu'elles vous ont porté préjudice.

- Vous pouvez souhaiter être protégé dans le futur et désigner quelqu'un qui pourrait vous protéger et protéger vos intérêts. Renseignez-vous concernant le « mandat de protection future ».

Ressources utiles

Accéder à la Charte des droits et libertés de la personne majeure protégée :
www.social-sante.gouv.fr

HÉBERGEMENT ET LOGEMENT

11. Accéder à un hébergement
12. Accéder à un logement avec de faibles ressources
13. Bénéficier d'aides au logement
14. Habiter un logement digne
15. Se maintenir dans le logement
16. Adapter le logement à son âge ou à sa situation de handicap

➤ Accéder à un logement ou le conserver constitue l'une des principales priorités, en ce qu'il permet de garantir la scolarité des enfants, de se concentrer sur la santé, l'emploi ou la vie de famille. Il est, en cela, très important d'obtenir de l'aide dès qu'apparaissent les premières difficultés.

11. Accéder à un hébergement

Code de l'action sociale
et des familles, article L. 345-2-2

« Toute personne sans abri en situation de détresse médicale, psychique ou sociale a accès, à tout moment, à un dispositif d'hébergement d'urgence ».

Si vous êtes sans domicile ou confronté brutalement à une absence de logement, différents lieux spécifiques permettent de vous héberger.

L'hébergement d'urgence

L'hébergement d'urgence vous permet d'être accueilli ponctuellement et sans condition (d'âge, de régularité de séjour...) dans des lieux d'accueil de jour ou de nuit afin de dormir, vous laver et rencontrer un professionnel chargé de vous aider à trouver une solution durable.

Comment bénéficier d'un hébergement d'urgence ?

Contactez gratuitement le **115** (n° national), 24 heures/24, 7 jours/7, depuis un téléphone portable ou une cabine téléphonique.

Le 115 évalue l'urgence de la situation et vous propose une solution d'accueil.

⚠ Ce dispositif d'urgence, selon les territoires, peut être très sollicité et saturé. Il peut parfois vous être conseillé de rappeler dans la soirée, les places non pourvues étant redistribuées à ce moment.

➤ **Si vous êtes victime de violences au sein de votre couple ou de traite des êtres humains**, des structures spécialisées peuvent vous accueillir avec vos enfants. Rapprochez-vous du commissariat, de la gendarmerie, de votre travailleur social, de votre mairie ou d'une association spécialisée.

L'hébergement d'insertion

C'est un lieu d'hébergement dans lequel des professionnels vous accompagnent dans des démarches pour favoriser votre insertion et votre autonomie.

Diverses structures existent, comme :

- les ***centres d'accueil pour les demandeurs d'asile (CADA)*** : accueillent les demandeurs d'asile ayant une autorisation provisoire de séjour (APS), sans logement ou ressources suffisantes. Ce dispositif est complété par un dispositif d'accueil d'urgence ;
- les ***centres provisoires d'hébergement (CPH)*** : CHRS destinés à accueillir les personnes et leur famille ayant obtenu le statut de réfugié ou bénéficiant de la protection subsidiaire ;
- les ***centres d'hébergement et de réinsertion sociale (CHRS)*** : accueillent des personnes pour une durée de six mois, renouvelable si besoin. Si vos ressources le permettent, une participation financière aux frais d'hébergement vous est demandée. À défaut, ils sont pris en charge par l'aide sociale.

Sollicitez votre travailleur social, centre communal ou intercommunal d'action sociale (CCAS) ou le 115.

Le droit à l'hébergement opposable (DAHO)

Le **DAHO** vous permet de saisir la commission départementale de médiation (CDM) ou le préfet pour bénéficier d'un hébergement adapté à vos besoins.

Comment faire valoir ce droit ?

Pour saisir la commission départementale de médiation, vous devez :
- avoir fait une demande d'hébergement et n'avoir pas obtenu de réponse adaptée ;
- respecter les délais pour saisir la commission ou être prioritaire (cf. *infra*).

Aucune condition de régularité de séjour n'est exigée.

Quelle est la procédure à suivre ?

Saisissez la CDM à l'aide d'un formulaire disponible à la préfecture de votre domicile ou en ligne. Elle a 6 semaines à compter du dépôt de la demande pour vous répondre. Si vous êtes reconnu prioritaire, le préfet a alors six semaines pour vous proposer un hébergement adapté à vos besoins.

Si vous ne recevez pas de proposition dans les délais impartis (absence de réponse de la part de la commission départementale de médiation ; la solution proposée ne correspond pas à vos besoins), vous pouvez déposer ou envoyer en recommandé avec accusé réception un recours au greffe de votre tribunal administratif dans un délai de quatre mois. Allez à l'audience de jugement pour apporter des précisions au juge concernant votre situation.

Au cours de cette procédure, faites-vous aider par un avocat, un travailleur social, un dispositif d'accès au droit ou un juriste de l'agence départementale d'information sur le logement (ADIL).

⚠ Vous ne pouvez déposer qu'une seule demande à la fois : demande de droit au logement opposable (DALO) ou bien à l'hébergement opposable (DAHO). Renseignez-vous auprès d'un travailleur social pour envisager le dispositif le plus adapté à votre situation (droit n° 12).

➤ **Pour les personnes âgées de plus de 65 ans** (60 ans en cas d'inaptitude au travail reconnue par le médecin du travail), des structures d'hébergement dédiées existent aussi : résidences services, établissements d'hébergement pour personnes âgées dépendantes (EHPAD)… En fonction de vos ressources, la CAF peut vous attribuer une aide au logement et le conseil départemental vous allouer une aide sociale pour financer l'hébergement. Renseignez-vous auprès de votre travailleur social, centre communal d'action sociale (CCAS) ou centre local d'information et de coordination (CLIC) de votre département.

12. Accéder à un logement avec de faibles ressources

Code de la construction et de l'habitation, article L. 301-1

« Toute personne ou famille éprouvant des difficultés particulières, en raison notamment de l'inadaptation de ses ressources ou de ses conditions d'existence, a droit à une aide de la collectivité pour accéder à un logement décent et indépendant ou s'y maintenir ».

Le logement d'insertion

C'est un logement autonome, adapté et abordable permettant un accompagnement en fonction de vos besoins ou répondant à des caractéristiques particulières en termes d'accès et de gestion.

Quels sont les types de logement d'insertion ?

- les ***résidences sociales***, conventionnées à l'aide personnalisée au logement (APL) (droit n° 13) qui proposent des logements privatifs, meublés ou non, des locaux communs affectés à la vie collective et dont l'accueil est construit autour d'un projet social ;

- les ***foyers de jeunes travailleurs***, qui s'adressent aux jeunes de 16 à 25 ou 30 ans en stage, apprentissage, exerçant une activité professionnelle ou en recherche d'emploi et proposent la location de logements privatifs au sein d'un foyer, pour deux ans au plus, avec la possibilité de percevoir l'APL ;

- les places financées par l'***aide au logement temporaire (ALT)*** versée à des associations conventionnées ou à un CCAS et destinée à loger, pour des durées et séjours limités, des personnes défavorisées en situation d'urgence ;

- l'***intermédiation locative (Solibail)*** qui permet aux bailleurs privés de louer leur logement à une association agréée qui y loge une famille à revenus modestes. Il peut s'agir d'une location classique (dont seul le suivi social est confié à une association) ou d'une sous-location lorsque le bien est loué directement à l'association.

Où vous adresser ?

Auprès de votre travailleur social, centre communal d'action sociale (CCAS), ou des associations Solibail.

Les logements sociaux

Ces logements sont réservés et attribués à des personnes dont les revenus sont faibles, selon une procédure spécifique.

Qui peut bénéficier d'un logement social ?

Vous devez :
- être de nationalité française ou étrangère et posséder un titre de séjour valide ;
- avoir des ressources ne dépassant pas un certain plafond (variable en fonction de la composition de votre famille et du département dans lequel vous demandez le logement). Les ressources de l'ensemble des membres du foyer sont prises en compte. Renseignez-vous auprès de votre travailleur social, mairie ou CCAS pour connaître les montants.

Sont prioritaires : les personnes en situation de handicap ou ayant à charge une personne en situation de handicap, les personnes victimes de violences au sein de leur couple (mariés, pacsés, concubins), les personnes mal logées (logement insalubre, expulsion en cours ou menace d'expulsion, difficultés financières) et celles logées ou hébergées temporairement dans un établissement ou logement de transition.

Comment faire la demande ?

Effectuez votre demande en ligne (www.demande-logement-social.gouv.fr) ou directement au guichet de la mairie, auprès d'un bailleur social ou en vous renseignant auprès de votre entreprise, qui peut cotiser à Action logement et vous orienter vers la bonne organisation.

Il n'est pas nécessaire de résider dans la commune dans laquelle vous faites la demande.

Lors du dépôt de la demande, vous sont remis un numéro d'enregistrement et une attestation d'enregistrement. Conservez-les pour pouvoir constituer le dossier d'inscription définitif et le renouvellement de la demande.

⚠ Votre demande de logement social doit être renouvelée chaque année pour rester valable et permettre de faire valoir votre droit au logement opposable (DALO). Un rappel vous est adressé au moins un mois avant la date anniversaire. N'oubliez pas de signaler tout changement d'adresse.

Que faire si vous n'avez pas de réponse ?

Saisissez la commission de médiation DALO de votre département suivant le délai (variable selon le département) et la procédure indiqués sur l'attestation remise lors du dépôt de votre demande.

⚠ **Calcul des ressources**. Si vous êtes victime de violences conjugales, en instance de divorce, ou que votre PACS a été rompu, seules vos ressources sont prises en compte pour une demande de logement social (produisez alors un document attestant de la situation : dépôt de plainte, ordonnance de non-conciliation…).

Le droit au logement opposable (DALO)

Code de la construction et de l'habitation, article L. 441-2-3-1, alinéa 1er

« Le demandeur qui a été reconnu par la commission de médiation comme prioritaire et comme devant être logé d'urgence et qui n'a pas reçu, dans un délai fixé par décret, une offre de logement tenant compte de ses besoins et de ses capacités peut introduire un recours devant la juridiction administrative tendant à ce que soit ordonné son logement ou son relogement ».

Le **DALO** permet d'accélérer l'accès au logement social en demandant à la commission de médiation de votre département ou au préfet de vous faire une offre de logement répondant à vos besoins et capacités.

Qui peut en bénéficier ?

Vous devez :
- avoir une demande de logement social en cours de traitement ;
- être dans une situation d'urgence (vous n'avez pas de logement, êtes menacé d'expulsion sans relogement, hébergé, installé dans un logement insalubre ou indécent, inadapté à la situation de handicap d'un des membres de votre famille…) ;
- être de nationalité française ou étrangère en situation régulière.

Comment le faire valoir ?

- **Saisir la commission de médiation**

Saisissez-la à l'aide d'un formulaire disponible dans votre préfecture ou en ligne. Elle a trois à six mois à compter du dépôt de la demande pour vous faire part de sa décision.

- **Recours gracieux et contentieux**

Si la commission ne reconnait pas votre demande de logement comme prioritaire : vous pouvez dans les deux mois à compter de la réception du refus soit contester la décision en saisissant la commission d'un « recours gracieux » (courrier en recommandé avec accusé réception qui présente vos arguments), soit saisir directement le tribunal administratif.

Si la commission considère que votre demande est prioritaire et qu'un logement doit vous être attribué en urgence : elle en informe le préfet qui a trois mois (ou six mois dans les départements dans lesquels se trouve une agglomération de + de 300 000 habitants) pour vous l'attribuer.

Passé ce délai, si vous n'avez pas reçu d'offre de logement, vous avez quatre mois pour saisir le tribunal administratif d'un recours contentieux. Ce recours doit alors être déposé ou envoyé en recommandé avec avis de réception au greffe du tribunal administratif de votre domicile.

➤ Présentez-vous à l'audience de jugement pour apporter des précisions au juge sur votre situation. Pour compléter le dossier de recours devant la commission de médiation ou rédiger le recours au tribunal administratif, faites-vous aider par un avocat, un travailleur social ou une structure d'accès au droit (droit n° 46).

- **Recours indemnitaire**

Vous pouvez demander au préfet (par courrier avec accusé réception) des dommages et intérêts en réparation du préjudice subi du fait de l'absence de proposition de logement. Conservez tous les justificatifs des frais engagés (factures d'hôtel…) ou de votre situation personnelle (certificats médicaux concernant vos enfants…) afin de chiffrer le préjudice moral et financier.

En cas de refus ou d'absence de réponse dans un délai de deux mois, vous avez deux mois pour saisir le tribunal administratif.

➤ Il est recommandé de faire appel à un avocat dans le cadre de cette procédure et de solliciter l'aide juridictionnelle si vous y êtes éligible (droit n° 48).

13. Bénéficier d'aides au logement

Elles sont accordées par les caisses d'allocations familiales (CAF) ou de mutualité sociale agricole (MSA) aux personnes ayant de faibles ressources pour les aider à payer leur loyer ou rembourser un prêt pour leur résidence principale.

⚠ Si vous louez votre logement à l'un de vos ascendants (parents, grands-parents...) ou descendants (enfants, petits-enfants...) ou à un ascendant ou descendant de votre conjoint, vous ne pouvez pas en bénéficier.

➤ Si vous avez moins de 25 ans et percevez une aide au logement, vous ne comptez plus dans le calcul des allocations familiales ou aide au logement de vos parents. Elles peuvent donc être diminuées voire supprimées.

Quelles sont les différentes aides ?

Selon le type de logement occupé :
- l'**aide personnalisée au logement (APL)** concerne essentiellement le parc social ;
- l'**allocation de logement (AL)** concerne le parc privé. Vous pouvez également en bénéfi-

cier si vous résidez dans un foyer, une résidence universitaire, une maison de retraite, un centre de long séjour ou d'hébergement pour handicapés, un hôtel ou un logement meublé.

En fonction de votre situation familiale, cette aide peut être l'allocation de logement à caractère familial (ALF) ou l'allocation de logement à caractère social (ALS).

⚠ Votre logement doit être décent (droit n° 14) et avoir une superficie minimale selon le nombre d'occupants.

L'allocation peut être versée au locataire ou au propriétaire. Si vous louez un logement social, elle est obligatoirement versée au bailleur. Les critères de calcul sont nombreux : nombre d'enfants ou personnes à charge, lieu de résidence, montant du loyer ou des échéances du prêt...

Comment les demander ?

Remplissez un formulaire d'aide au logement et déposez ou envoyez-le à votre CAF ou MSA (disponible sur le site internet de la CAF : www.caf.fr).

- Demandez l'aide au logement dès votre entrée dans les lieux. Le versement débute à compter du mois suivant mais il est calculé en fonction de la date de la demande et n'est pas versé avant cette date.

14. Habiter un logement digne

La protection en cas d'indécence du logement

loi du 6 juillet 1989, article 6

« Le bailleur est tenu de remettre au locataire un logement décent ne laissant pas apparaître de risques manifestes pouvant porter atteinte à la sécurité physique ou à la santé, répondant à un critère de performance énergétique minimale et doté des éléments le rendant conforme à l'usage d'habitation [...] ».

Le logement est indécent quand il :
- présente un risque manifeste pour la sécurité physique ou la santé de ses occupants ;
- est dépourvu des équipements habituels permettant d'habiter normalement le logement.

Par exemple : le logement est dépourvu d'eau chaude, les fils électriques sont dénudés, les fenêtres ne sont pas étanches à l'eau, il n'y a pas d'évier...

Que faire ?

• **Démarches amiables**

Signalez la situation à votre bailleur et mettez-le en demeure de réaliser les travaux nécessaires dans un délai imparti (par courrier en recommandé avec accusé de réception).

En cas d'absence de réponse ou de réserve quant aux travaux à réaliser, vous pouvez saisir gratuitement un conciliateur de justice ou la commission départementale de conciliation (droit n° 47).

• **Démarche contentieuse**

Vous pouvez saisir votre tribunal d'instance par déclaration au greffe ou par assignation.

➤ Renseignez-vous avant auprès d'une structure d'accès au droit ou auprès de l'agence départementale d'information sur le logement (ADIL).

Le juge peut :

- contraindre le bailleur à effectuer les travaux nécessaires ;
- imposer une réduction du loyer ;
- fixer des dommages et intérêts correspondant, notamment, au trouble de jouissance.

Lorsque l'indécence est constatée, vous pouvez quitter le logement sans préavis. Vous pouvez également déposer un recours devant la commission de médiation pour faire valoir votre DALO (droit n° 12).

⚠ Poursuivez le paiement de vos loyers, même si le bailleur n'effectue pas les travaux qui lui ont été imposés (pour ne pas être en situation d'impayé de loyer et vous exposer à un risque d'expulsion locative).

La protection en cas d'insalubrité de l'immeuble

Code de la santé publique,
article L. 1331-25, alinéa 1er

« [...] le représentant de l'État dans le département peut déclarer l'insalubrité des locaux et installations utilisés aux fins d'habitation, mais impropres à cet objet pour des raisons d'hygiène, de salubrité ou de sécurité ».

L'insalubrité se caractérise par des critères tels que : murs fissurés, humidité importante, présence de plomb, dangerosité des accès, absence de raccordement aux réseaux d'eau ou d'électricité, absence de système d'assainissement, suroccupation. Conservez toutes les preuves d'insalubrité (photos, certificats médicaux...).

Quelle est la procédure à suivre ?

Contactez directement la mairie de votre commune. L'insalubrité doit être constatée par un service spécifique (service communal d'hygiène et de santé ou agence régionale de santé) qui dresse un rapport transmis au préfet.

Le préfet peut prendre un arrêté d'insalubrité remédiable (ordonne au propriétaire de réaliser des travaux dans un délai imparti) ou irrémédiable (ordonne l'interdiction définitive d'habiter dans les lieux). L'arrêté doit ensuite être notifié au propriétaire de l'immeuble puis affiché à la mairie et sur la façade de l'immeuble.

Quelles sont les conséquences pour les occupants de l'immeuble ?

Suspension du loyer. À compter du premier jour du mois qui suit l'envoi de la notification de l'arrêté d'insalubrité ou de son affichage à la mairie et sur la façade de l'immeuble.

⚠ Les charges restent dues.

Relogement ou hébergement. Selon la durée de l'interdiction d'habiter fixée dans l'arrêt d'insalubrité, le propriétaire est dans l'obligation de vous reloger ou d'assurer votre hébergement temporaire en tenant compte de vos besoins et de ceux de votre famille.

➤ S'il ne vous reloge pas, le maire de votre commune doit le faire. Les frais de relogement sont alors mis à la charge de votre bailleur.

15. Se maintenir dans le logement

loi du 9 juillet 1991, article 61

« Sauf disposition spéciale, l'expulsion ou l'évacuation d'un immeuble ou d'un lieu habité ne peut être poursuivie qu'en vertu d'une décision de justice ou d'un procès-verbal de conciliation exécutoire et après signification d'un commandement d'avoir à libérer les locaux [...] ».

Les solutions en cas d'impayés de loyer

Contacter l'organisme à qui vous n'avez pas payé votre loyer

Informez l'organisme ou la personne à qui vous devez payer votre loyer dès que vous savez que vous allez avoir des difficultés, pour négocier avec lui un remboursement par petites mensualités ou des délais de paiement. Formalisez cet accord par écrit.

⚠ Si vous avez reçu un commandement de payer, vous avez deux mois avant que le bail ne soit résilié. Faites des démarches rapidement.

S'adresser rapidement au fonds de solidarité pour le logement (FSL)

Le **FSL** de votre département peut vous accorder une aide pour le paiement de votre loyer. Les critères d'octroi d'aides varient d'un territoire à l'autre : il est souvent exigé d'avoir repris le paiement de vos loyers depuis un voire plusieurs mois au moment de saisir le fonds.

Pour toute aide, adressez-vous à :

- un travailleur social de la CAF, du CCAS ou du département ;
- un conseiller en économie sociale et familiale du bailleur si vous êtes en logement social ;
- l'agence départementale d'information sur le logement (ADIL) ;
- un point information médiation multi-services (PIMMS) près de chez vous.

➤ Faites un point budgétaire global pour identifier des solutions et éviter les impayés à l'avenir, notamment si vous êtes dans le cadre d'une procédure de surendettement (droit n° 42).

Vos droits en cas d'expulsion locative

Dans quelle situation est-il possible de vous expulser ?

Vous pouvez être expulsé seulement si vous ne respectez pas vos obligations de locataire : vous ne payez pas vos loyers, vos charges ou la caution, vous n'avez pas d'assurance habitation, vous dégradez votre logement…

Quels sont vos droits lors de la procédure d'expulsion ?

Le bailleur ne peut vous expulser sans jugement.

Après réception d'un premier courrier de l'huissier de justice (commandement de payer, commandement de souscrire à une assurance habitation…).

Il est conseillé de vous retourner auprès :
- des services sociaux ;
- du FSL ;
- des instances de conciliation ou de médiation (droit n° 47) ;
- de votre commission départementale de coordination des actions de prévention des expulsions locatives (CCAPEX).

Si vous n'avez pas régularisé votre situation dans les délais, le bailleur saisit le tribunal pour demander votre expulsion.

Dès réception de la convocation pour l'audience devant le tribunal, il est conseillé d'aller voir un travailleur social qui vous aidera à présenter votre situation au juge et à faire des demandes d'aide si nécessaire.

Si l'expulsion est actée, vous recevez un commandement de quitter les lieux (document d'huissier). Vous pouvez demander au juge de l'exécution un délai pour partir. Ses coordonnées figurent sur le commandement de quitter les lieux. Le préfet doit également vous informer de la possibilité de faire valoir votre DALO (droit n° 12).

Vous pouvez quitter les lieux de votre plein gré. Pensez alors à résilier vos contrats de gaz et électricité.

Si vous ne quittez pas les lieux lorsque le délai est écoulé, l'huissier doit obtenir l'accord du préfet pour faire appel à la police et vous expulser. À défaut, vous pouvez refuser de partir. Vous pouvez demander des délais supplémentaires auprès du juge de l'exécution du tribunal de grande instance de votre domicile si vous justifiez avoir recherché activement un logement et avoir repris vos loyers courants ou avoir des motifs graves ou importants (familiaux ou financiers).

Comment contester une décision d'expulsion ?

Faites appel du jugement d'expulsion devant la cour d'appel de votre domicile dans un délai d'un mois après avoir reçu la décision du juge, en envoyant un courrier au greffe de la cour d'appel.

⚠ Ce délai est seulement de quinze jours si la décision d'expulsion a été prise par une ordonnance du juge des référés.

➤ Faites-vous accompagner par une association, un service d'accès au droit ou un avocat (droit n° 46, droit n° 48).

Quand est-il interdit de vous expulser ?

- pendant la période de trêve hivernale (entre le 1er novembre et le 31 mars) ;
- entre 21 heures et 6 heures du matin ainsi que les dimanches et jours fériés.

Sauf si l'expulsion prononcée à votre encontre concerne un logement situé dans un immeuble qui a fait l'objet d'un arrêté de péril ou est assortie d'un relogement correspondant à vos besoins familiaux.

Que faire en cas d'expulsion « sauvage » ?

Si votre bailleur vous force à quitter les lieux sans respecter la procédure, portez plainte très rapidement au commissariat ou à la gendarmerie, qui peut procéder à la réintégration de votre domicile. Le bailleur risque trois ans d'emprisonnement et 30 000 € d'amende.

Vos droits en cas d'expulsion de terrain ou de campement

En cas d'occupation d'un terrain sans autorisation, vous êtes considéré comme occupant sans titre, mais vous n'êtes pas sans droits.

L'expulsion d'un terrain est réglementée :
- dans les 48 heures qui suivent l'installation sur le terrain, aucune décision n'est nécessaire pour déloger les occupants : la police ou la gendarmerie peuvent intervenir directement. On parle alors d'expulsion de « flagrant délit » ;
- après les premières 48 heures d'occupation, une décision (de justice, du maire ou de la préfecture) est obligatoire pour obtenir l'expul-

sion. Cette procédure vous permet de demander des délais supplémentaires au juge.

Quels sont vos droits en cas d'expulsion ?

Il s'agit des mêmes droits que pour une expulsion locative.

Quels sont les éléments à réunir ou récupérer en cas d'expulsion ?

Dans les cas où la police ou la gendarmerie amorce une expulsion de « flagrant délit », alors que vous occupez le terrain depuis plus de 48 heures, il faut en apporter la preuve (photos avec date et heure, témoignages de voisins, d'associations…). Si la preuve est apportée, la police ne peut pas intervenir sans décision préalable.

Dans tous les cas, les premiers éléments à réunir sont les suivants :
- actes de naissances des enfants et des personnes âgées ;
- certificats de scolarité des enfants ;
- certificats médicaux ou autres documents mentionnant des problèmes de santé, grossesse… ;
- documents sur les démarches effectuées pour améliorer les conditions de vie sur le terrain :

raccordement à l'eau et à l'électricité, toilettes, demande de ramassage des ordures ménagères par courrier à la mairie ou communauté de commune... ;
- photos des intérieurs des abris ou caravanes montrant qu'ils sont aménagés et entretenus ;
- photos des enfants dans leurs activités scolaires et extrascolaires.

Ces documents permettent d'assurer votre défense devant les tribunaux.

16. Adapter le logement à son âge ou à sa situation de handicap

Aides financières

Si votre logement n'est pas adapté à votre situation, en raison de l'âge ou d'un handicap, vous pouvez demander des aides financières pour vos travaux d'aménagement.

La prestation de compensation du handicap (PCH) (droit n° 28) peut intégrer les dépenses nécessaires à l'aménagement du logement d'une personne handicapée ou de la personne qui l'héberge. Elle peut aussi couvrir des frais de déménagement si vous devez quitter votre logement pour un logement adapté.

Il existe un fonds de compensation du handicap géré par la maison départementale des personnes handicapées (MDPH), auquel vous pouvez adresser une demande d'aide complémentaire pour étude, si des frais importants restent à votre charge malgré le bénéfice de la PCH.

Des aides financières sont également disponibles auprès de l'agence nationale pour l'amélioration de l'habitat (ANAH).

Rapprochez-vous :
- de votre entreprise, qui peut cotiser à Action logement et vous permettre de bénéficier d'un prêt à taux réduit ;
- des travailleurs sociaux de votre département ;
- du centre local d'information et de coordination (CLIC) de votre domicile.

Aides fiscales

Des exonérations ou abattements sur votre taxe foncière, taxe d'habitation ou contribution à l'audiovisuel public existent en fonction de votre situation et de celle des personnes qui habitent avec vous ou sont rattachées à votre foyer fiscal (bénéficiaire de l'AAH, personnes atteintes d'une infirmité ou d'une invalidité…).

Un crédit d'impôt est accordé pour les dépenses d'installation et de remplacement des équipements spécialement conçus pour les personnes âgées ou en situation de handicap. Une liste limitative prévoit les équipements pouvant faire l'objet du crédit d'impôt.

⚠ Ces aménagements doivent être réalisés par un professionnel. La facture sert de justificatif.

Vous pouvez bénéficier du crédit d'impôt si vous êtes : bailleur, locataire ou occupant à titre gratuit.

⚠ Obtenez bien l'accord écrit du bailleur avant de réaliser certains travaux dans votre logement, au risque d'être obligé de remettre les lieux en l'état et à vos frais lors de votre départ. Il n'est pas tenu d'accepter.

Quel est le montant du crédit d'impôt ?

Il est calculé sur la base de 25 % du montant TTC des dépenses effectuées avec un plafond déterminé sur une période de cinq ans, variant selon la composition du foyer.

Renseignez-vous auprès de votre centre des impôts avant de remplir votre déclaration de revenus.

ÉDUCATION, CULTURE ET SPORT

17. Être scolarisé/scolariser ses enfants
18. Bénéficier d'une allocation ou d'une bourse en tant qu'élève ou étudiant
19. Accéder à la culture et au sport

➤ Obligatoire de 6 à 16 ans et gratuite dans les établissements publics, l'école accueille tous les enfants, quelle que soit leur situation administrative ou sociale. Des allocations ou bourses existent pour aider les élèves ou étudiants de familles aux revenus modestes. Enfin, la culture et le sport sont accessibles grâce à des aides, des tarifs réduits…

17. Être scolarisé/scolariser ses enfants

Constitution de 1946,
Préambule, article 13

« La Nation garantit l'égal accès de l'enfant et de l'adulte à l'instruction, à la formation professionnelle et à la culture. L'organisation de l'enseignement public gratuit et laïque à tous les degrés est un devoir de l'État ».

La scolarité obligatoire peut être effectuée dans un établissement public, privé, dans la famille ou à distance. Seule la scolarité dans une école publique est gratuite.

À partir de quel âge un enfant doit-il être scolarisé ?

L'obligation de scolarisation de l'enfant dure dix ans au moins, elle peut être plus longue. Elle s'étend de l'école primaire (dès les 6 ans de l'enfant) jusqu'au secondaire (à ses 16 ans).

L'inscription en école maternelle (non obligatoire) est possible à l'âge de 3 ans, voire dès 2 ans si l'enfant est physiquement et psychologiquement prêt à y être admis.

Comment inscrire son enfant à l'école ?

Si votre enfant a déjà été admis en maternelle, il est automatiquement inscrit à l'école élémentaire.

• **Première inscription en école maternelle ou primaire**

Allez à la mairie de votre domicile, au moins six mois avant la prochaine rentrée scolaire, muni des documents exigés (livret de famille, justificatifs des vaccinations, justificatif de domicile...).

Le maire vous délivre un certificat, à présenter au directeur de l'école, avec les documents mentionnés ci-dessus. Le directeur de l'école vous remet un certificat d'inscription. Les inscriptions sont automatiquement renouvelées ensuite.

• **Première inscription au collège / lycée**

Allez en mairie pour savoir dans quel établissement inscrire votre enfant puis prenez contact avec le directeur de l'établissement pour procéder à l'inscription.

Que se passe-t-il si l'enfant a raté son examen de fin d'étude ?

Si votre enfant a échoué à l'examen du baccalauréat, du brevet de technicien, de technicien supérieur, du certificat d'aptitude professionnelle ou du brevet d'étude professionnelle, il a droit à une nouvelle préparation de son examen en redoublant son année. Contactez la direction de l'établissement dans lequel votre enfant a passé son dernier examen afin d'envisager sa réinscription dans les meilleures conditions.

Dans quelles conditions peut-on inscrire son enfant handicapé ?

L'État est tenu d'assurer aux élèves handicapés une prise en charge éducative équivalente à celle dispensée aux élèves non-handicapés, en favorisant la scolarisation dans une classe ordinaire.

Vous devez inscrire votre enfant dans l'établissement relevant de son secteur puis contacter la maison départementale des personnes handicapées (MDPH). Elle évalue les besoins de l'enfant et vous guide dans les démarches. Vous trouvez la MDPH la plus proche de votre domicile sur le site internet de la MDPH.

- **Scolarisation en milieu ordinaire**

La scolarisation en milieu ordinaire se fait selon la procédure classique. Si la scolarisation nécessite un aménagement spécialisé, l'élève peut être amené à élaborer avec la MDPH un projet personnalisé de scolarisation (PPS) ou, à défaut, un projet d'accueil individualisé (PAI).

L'élève handicapé peut bénéficier durant sa scolarité d'un aménagement de son emploi du temps, des locaux scolaires ou des conditions de passage aux examens. La commission de droits et de l'autonomie des personnes handicapées (CDAPH) peut aussi accorder à l'enfant un auxiliaire de vie scolaire.

- **Scolarisation dans une structure aménagée**

Si votre enfant rencontre trop de difficultés pour suivre une scolarité en milieu ordinaire, il peut être accueilli dans une structure aménagée (comme les instituts médico-éducatifs) ou dans des établissements ordinaires disposant d'aménagements spécifiques (classe pour l'inclusion scolaire s'il est à l'école maternelle ou primaire, unité localisée pour l'inclusion scolaire s'il est au collège ou au lycée).

Peut-on scolariser son enfant si l'on ne dispose pas d'un titre de séjour ?

Oui. L'inscription à l'école ne peut en aucun cas être refusée pour défaut de titre de séjour.

Après une première phase d'évaluation du niveau en français et de ses compétences scolaires, l'enfant intègre la classe la plus adaptée à son niveau et son âge (en intégrant si besoin une classe spécialisée le temps nécessaire).

Comment inscrire son enfant à la cantine ?

Contactez le directeur de l'établissement scolaire. Les écoles maternelles et primaires ne sont pas obligées de proposer les services d'une cantine, contrairement aux collèges et lycées. Des tarifs réduits sont pratiqués si vous bénéficiez de faibles revenus.

Les collèges et lycées ont l'obligation d'accepter l'inscription à la cantine scolaire de tous les élèves qui le souhaitent. En école maternelle ou primaire, seul le motif des capacités d'accueil est valable pour vous refuser l'inscription à la cantine. En cas de difficulté, adressez-vous aux associations de parents d'élèves de l'établissement concerné.

Que faire si l'école veut exclure l'enfant de la cantine ?

Si c'est en raison du comportement de l'enfant, une procédure s'impose, prévue dans le règlement intérieur. L'exclusion définitive ne peut intervenir qu'après un rappel à l'ordre, suivi éventuellement d'une expulsion temporaire. Si une exclusion définitive est envisagée, l'établissement doit vous adresser une lettre précisant les motifs pour lesquels votre enfant risque l'exclusion et vous laisser la possibilité d'être entendu.

En cas d'impayés des frais de cantine, l'école doit vous envoyer une lettre de relance vous invitant à régulariser la situation et, si besoin, vous orienter vers votre centre communal d'action sociale (CCAS) afin de trouver une solution. À défaut, la mairie peut décider de ne plus admettre votre enfant à la cantine.

Si vous considérez que l'exclusion de votre enfant n'est pas justifiée, saisissez les représentants des parents d'élèves de l'établissement et/ou le Défenseur des droits (droit n° 47).

18. Bénéficier d'une allocation ou d'une bourse en tant qu'élève ou étudiant

Les bourses sont des aides financières destinées à payer les frais liés à la scolarité des élèves et étudiants. Elles sont attribuées selon le montant des ressources des parents, la situation familiale ou le mérite de l'élève.

⚠ Elles peuvent être réduites ou suspendues si votre enfant ne va pas en cours et que ses absences injustifiées cumulées sont supérieures à quinze jours.

➤ Les conseils départementaux, conseils régionaux ou certaines communes peuvent aussi attribuer des aides spécifiques pour les élèves et étudiants. Informez-vous auprès d'un travailleur social ou de votre mairie.

Comment bénéficier de la bourse des collèges ?

Elle est versée aux élèves inscrits dans un collège public, au CNED et dans certains collèges privés.

Elle est attribuée à l'élève si les ressources des parents ne dépassent pas un certain plafond, fixé pour l'année 2015-2016 à 14 674 € pour une famille avec un enfant.

Faites-en la demande au secrétariat de l'établissement de votre enfant (jusqu'à la fin du mois de septembre).

Le montant de la bourse des collèges peut aller de 84 € à 360 € par an, versé en trois fois, à chaque trimestre.

Comment bénéficier de la bourse des lycées ?

Elle est versée aux élèves inscrits en classe de seconde, première, terminale (conduisant à un bac ou un brevet de technicien), en CAP ou dans une classe préparatoire à l'apprentissage. L'élève doit résider en France et être inscrit dans un établissement public ou dans certains lycées privés.

Ce droit dépend des revenus du foyer et de la situation familiale.

Le renouvellement de la demande est automatique, sauf si votre enfant redouble ou change d'orientation scolaire. Si votre situation familiale évolue (perte d'emploi, décès, accident…) après la demande de bourse, demandez un réexamen de votre dossier afin que le montant accordé prenne en compte votre nouvelle situation.

La bourse du lycée peut se cumuler avec différentes primes (prime d'équipement, d'entrée en seconde, première ou terminale, à la qualification, à l'internat et bourse au mérite pour le brevet des collèges).

Adressez-vous au secrétariat du lycée de votre enfant : un formulaire et la liste des pièces justificatives vous sont remis. La bourse au mérite ou les primes sont versées automatiquement avec la bourse de votre enfant, sans avoir à faire de demande spécifique.

- **Bourse pour les étudiants**

La bourse d'enseignement supérieur sur critères sociaux (BCS) est versée aux étudiants en France dans un établissement d'enseignement public ou privé ou toute autre formation habilitée à recevoir des boursiers.

Vous devez avoir moins de 28 ans (sauf si vous êtes atteint d'un handicap reconnu par la Commission des droits et de l'autonomie des personnes handicapées), et avoir également obtenu le baccalauréat ou un titre admis en équivalence. D'autres conditions varient selon la nationalité.

Son montant varie en fonction des ressources de votre famille ou de votre foyer, de la distance entre votre domicile et l'établissement d'inscription et du nombre de frères et sœurs de l'étudiant. Il est compris entre 1 007 et 5 339 €

(rentrée 2014) et versé sur dix mois, de septembre à juin.

⚠ Si vous êtes boursier, vous n'avez pas à payer les frais de scolarité et de sécurité sociale étudiante.

La demande de bourse se fait entre le 15 janvier et le 31 mai de l'année précédant la rentrée concernée sur le site internet du CROUS de votre région.

Les collectivités locales peuvent aussi mettre en place des aides financières pour les étudiants (remboursement des titres de transport par ex.). Renseignez-vous auprès de votre mairie, conseil départemental ou régional.

- **L'allocation de rentrée scolaire (ARS)**

Cette somme est versée, sous conditions de ressources, aux familles ayant un enfant scolarisé (enseignement à distance inclus) et âgé de 6 à 18 ans, pour faire face aux dépenses de la rentrée scolaire.

Si l'élève est en apprentissage, il doit percevoir une rémunération inférieure à 893,25 € par mois. Les ressources de sa famille ne doivent pas dépasser un certain plafond.

Selon l'âge de l'enfant, le montant de l'ARS varie entre 362,63 et 395,90 € (pour la rentrée

2015) versé à la fin du mois d'août de l'année précédant la rentrée.

Contactez votre caisse d'allocations familiales (CAF) ou votre mutualité sociale agricole (MSA). Vous devez effectuer une déclaration de situation des prestations familiales et de logement, ainsi qu'une déclaration de ressources.

Le renouvellement de l'allocation est automatique dès lors que vous effectuez votre déclaration de revenus aux impôts et à la CAF ou MSA.

19. Accéder à la culture et au sport

La **bibliothèque ou médiathèque municipale** offre un accès important à la culture : consultation ou prêt de livres, CD, DVD, mise à disposition d'ordinateurs, d'espaces de lecture et de travail.

De **nombreux musées** ouvrent gratuitement régulièrement : chaque premier dimanche du mois, durant une nocturne une fois par semaine ou en fonction de l'âge du visiteur. Certains musées proposent également sur l'année la gratuité ou des réductions aux étudiants, aux personnes handicapées, âgées, en recherche d'emploi ou titulaires des minima sociaux…

L'accès au partage des savoirs est possible grâce aux universités populaires, du temps libre, du troisième âge…

Ressources utiles

Consultez le lien : universitepopulaire.eu

- Certaines municipalités favorisent enfin la pratique du sport en accordant des tarifs adaptés à vos ressources. Renseignez-vous auprès de votre mairie.

ACCÈS À LA FORMATION, L'EMPLOI, LA PROTECTION AU TRAVAIL ET L'INSERTION

20. Accéder à une formation
21. Être accompagné en tant que demandeur d'emploi
22. Bénéficier d'une aide à l'insertion professionnelle
23. Se défendre en cas de conflit au travail
24. Se protéger en cas de licenciement abusif
25. Se défendre contre le travail dissimulé
26. Se défendre contre l'exploitation et la traite des êtres humains

➤ Divers dispositifs sont proposés afin de vous aider à (re)trouver un emploi : bénéficier d'une formation, d'un accompagnement en tant que demandeur d'emploi, d'aides à l'insertion professionnelle. La loi vous protège aussi en cas de conflit au travail ou de licenciement abusif, de travail dissimulé ou d'exploitation.

20. Accéder à une formation

Des accords d'entreprise, de groupe ou de branche peuvent prévoir des dispositions en matière de formation plus favorables que la loi : renseignez-vous auprès de votre employeur.

Formations à l'initiative de l'employeur

L'employeur a une obligation générale d'assurer « l'adaptation des salariés à leur poste de travail », notamment par le biais de formations. Ainsi, si une suppression de votre poste est envisagée et qu'un autre poste dans l'entreprise est disponible, il doit vérifier si une formation vous permettrait de l'occuper et vous la proposer.

L'employeur peut aussi mettre en place un plan de formation. Il peut exiger que vous en suiviez une dans ce cadre, sauf dans certaines conditions liées à votre situation professionnelle ou familiale.

Formations à votre initiative

Le compte professionnel de formation (CPF)

Le **CPF** a remplacé le droit individuel à la formation (DIF) et vous permet, en tant que salarié, de cumuler un crédit d'heures de formation, à utiliser jusqu'à votre départ à la retraite.

Consultez les formations auxquelles vous êtes éligible et créez votre compte en vous connectant au site internet du CPF (www.moncompteformation.gouv.fr).

Si vous êtes salarié, votre solde d'heures de formation doit apparaître une fois par an sur votre fiche de paie. Vous pouvez également le demander à l'employeur.

Comment utiliser ces heures de formation ?

Elles peuvent être utilisées par toute personne d'au moins 16 ans, qui a un emploi ou en recherche un, est accompagnée dans un projet d'orientation et d'insertion professionnelle ou accueillie dans un établissement et service d'aide par le travail (ESAT), sous certaines conditions d'ancienneté.

Si vous souhaitez effectuer une formation en dehors du temps de travail, vous n'avez pas à en informer votre employeur.

Si la formation se déroule tout ou partie sur votre temps de travail, vous devez lui demander l'autorisation dans un délai défini. S'il ne vous répond pas dans les trente jours, il est réputé avoir donné son accord. Si vous effectuez une formation durant le temps de travail, vous continuez de percevoir votre salaire.

Le congé individuel de formation (CIF)

Il vous autorise à vous absenter de votre poste de travail un an au plus (ou 1 200 heures à temps partiel) afin de suivre une formation que vous avez choisie.

Quelles sont les formations dont vous pouvez bénéficier dans ce cadre ?

Elles doivent vous permettre de :
- accéder à un niveau de qualification supérieur ;
- changer de profession ;
- enrichir vos connaissances dans le domaine culturel et social ou vous préparer à l'exercice de responsabilités associatives bénévoles ;

– préparer un examen pour l'obtention d'un titre ou diplôme à finalité professionnelle.

La formation n'a pas besoin d'être en rapport avec votre activité professionnelle.

Comment mettre en œuvre le CIF ?

Adressez la demande écrite à votre employeur dans un délai de soixante jours avant le début de celle-ci si elle dure moins de six mois, de cent vingt jours au-delà.

L'employeur a trente jours pour répondre : au-delà, il est réputé avoir accepté la demande. Il peut reporter le congé si votre absence a des conséquences préjudiciables pour l'entreprise.

Durant la formation, vous continuez de percevoir votre salaire : intégralement s'il est inférieur à 2 915 € bruts par mois, réduit s'il est supérieur à cette somme. Les congés payés et primes sont dus en totalité. Vous continuez de bénéficier des prestations de la sécurité sociale.

21. Être accompagné en tant que demandeur d'emploi

Lorsque vous n'avez pas ou plus d'emploi, que vous en cherchez un, vous pouvez vous inscrire comme demandeur d'emploi auprès de Pôle emploi. Cela nécessite une pré-inscription (sur le site internet de Pôle emploi ou par téléphone au 39 39). Un rendez-vous vous est alors proposé avec un conseiller Pôle emploi afin de finaliser l'inscription.

Percevoir les allocations-chômage : l'aide au retour à l'emploi (ARE)

Code du travail, article L. 5422-1

« Ont droit à l'allocation d'assurance les travailleurs involontairement privés d'emploi ou dont le contrat de travail a été rompu conventionnellement [...] aptes au travail et recherchant un emploi qui satisfont à des conditions d'âge et d'activité antérieure [...] ».

Qui peut et comment percevoir l'ARE ?

Vous devez :

- avoir perdu involontairement votre emploi (licenciement, rupture conventionnelle, refus de renouvellement d'un CDD) ;
- être inscrit comme demandeur d'emploi ou réaliser une action de formation dans le cadre du projet personnalisé d'accès à l'emploi (PPAE) ;
- être à la recherche effective et permanente d'un emploi ;
- ne pas avoir atteint l'âge minimum légal de départ à la retraite ou bien l'âge d'attribution d'une retraite à taux plein ;
- être physiquement apte à exercer un emploi ;
- résider en France ;
- pouvoir justifier d'un nombre minimum de jours ou d'heures d'affiliation sur une période définie, qui dépend de votre âge.

⚠ Si vous avez démissionné, vous ne pouvez pas avoir droit à l'ARE sauf si Pôle emploi considère que la démission est justifiée. Vous pouvez en faire aussi la demande lors de votre réexamen de situation après cent vingt et un jours de recherche d'emploi.

⚠ Les intermittents du spectacle, intérimaires et travailleurs saisonniers bénéficient de règles d'indemnisation particulières. Renseignez-vous auprès de Pôle emploi.

La demande se fait en même temps que l'inscription sur les listes de demandeurs d'emploi auprès du Pôle emploi de votre domicile.

Comment est calculé le montant de votre allocation ?

Elle est calculée à partir des salaires, y compris les primes, perçus pendant les douze mois précédents la fin de votre contrat de travail, des modes d'activité (temps plein ou partiel) ainsi que de la perception éventuelle d'une pension d'invalidité.

Pendant combien de temps l'allocation est-elle versée ?

La durée d'indemnisation dépend de la durée pendant laquelle vous avez travaillé avant de perdre votre emploi. Elle est au maximum de vingt-quatre mois si vous avez moins de 50 ans, de trente-six mois si vous avez plus de 50 ans.

➤ Si vous n'avez pas retrouvé de travail avant la fin de votre droit à l'ARE, vous pouvez peut-être bénéficier de l'allocation de solidarité spécifique (ASS) (droit n° 27).

L'allocation peut-elle être réduite ou supprimée ?

Oui, sur décision du préfet du département ou si vous êtes radié par Pôle emploi (voir *infra*).

En attendant la décision du préfet, Pôle emploi peut décider de réduire ou suspendre temporairement l'allocation pendant deux mois maximum.

L'allocation est par ailleurs suspendue si vous percevez des indemnités de l'assurance maladie ou maternité, le complément de libre choix d'activité ou l'allocation journalière de présence parentale.

Que faire en cas de réduction ou de suppression de l'allocation ?

Avant la décision, le préfet vous demande de lui expliquer, par courrier sous dix jours, pourquoi vous n'avez pas pu respecter vos obligations ou au contraire que vous les avez respectées.

Vous pouvez ensuite contester sa décision en lui envoyant un recours gracieux. S'il maintient sa décision, vous pouvez saisir d'un recours hiérarchique le préfet de région.

⚠ En attendant le résultat du recours, votre allocation n'est pas versée. Pendant la période de suppression des allocations, vous êtes radié de la liste des demandeurs d'emploi.

Que faire en cas de radiation de la liste des demandeurs d'emploi ?

Vous pouvez être radié par Pôle emploi si vous :

- ne pouvez pas justifier de vos recherches d'emploi ;
- n'avez pas actualisé mensuellement votre situation ;
- avez fourni de fausses déclarations pour être ou rester inscrit sur la liste des demandeurs d'emploi ;
- avez refusé à deux reprises une offre raisonnable d'emploi ;
- avez refusé de : élaborer ou actualiser votre PPAE, suivre une formation ou une action d'aide à la recherche d'emploi dans le cadre du PPAE, répondre aux convocations de Pôle emploi, vous soumettre à une visite médicale d'aptitude ;
- avez refusé un contrat d'apprentissage ou de professionnalisation, une action d'insertion ou un contrat aidé ;
- ou si le préfet a décidé de suspendre ou supprimer votre allocation-chômage.

➤ Vous n'êtes pas sanctionné si vous ne recherchez pas d'emploi dans certaines conditions spécifiques. À partir de 55 ans et sous certaines conditions vous pouvez demander à Pôle emploi d'être dispensé de recherche d'emploi. Renseignez-vous auprès de votre conseiller.

Comment se passe la radiation ?

Vous recevez d'abord un avertissement vous invitant à expliquer par courrier dans les quinze jours pourquoi vous n'avez pas respecté vos obligations. Vous pouvez en plus solliciter un entretien auprès du directeur de votre Pôle emploi afin de vous expliquer, et venir accompagné de la personne de votre choix.

⚠ Si vous n'avez pas répondu par écrit dans les quinze jours ou si les explications fournies ne suffisent pas, vous êtes radié.

La décision est prise par le directeur de Pôle emploi. Elle doit être motivée et indiquer la durée de la radiation, qui varie en fonction de son motif.

Quelles sont ses conséquences ?

Vous ne pouvez plus demander d'inscription sur les listes d'emploi, les allocations-chômage ne vous sont plus versées. Mais la radiation ne réduit pas la durée globale des droits acquis à indemnisation.

Comment contester la radiation ?

Adressez un recours gracieux au directeur de l'agence Pôle emploi de votre domicile.

⚠ Ce recours n'est pas suspensif. Vous restez donc radié des listes en attendant la réponse.

Si le directeur rejette votre demande ou n'y répond pas dans un délai de deux mois, saisissez le tribunal administratif de votre domicile.

➤ L'assistance d'un avocat est possible et vous pouvez bénéficier de l'aide juridictionnelle si vos ressources sont faibles (droit n° 48).

22. Bénéficier d'une aide à l'insertion professionnelle

➤ Pour les dispositifs ou aides locales, il est important de vous renseigner directement auprès de votre conseil départemental, d'une mission locale ou d'un travailleur social de votre commune.

La prime forfaitaire mensuelle en cas de reprise d'activité

Une prime forfaitaire mensuelle peut être cumulée avec vos revenus sous certaines conditions :

- vous étiez inscrit comme demandeur d'emploi ;
- vous bénéficiez de l'ASS (droit n° 27) ;
- vous reprenez une activité salariée d'une durée au moins égale à 78 heures par mois, ou vous débutez une activité professionnelle non salariée.

Adressez-vous à votre conseiller Pôle emploi ou Cap emploi afin d'en faire la demande. Vous devez fournir tous les mois les documents justifiant de la réalité de votre activité à Pôle emploi.

À quel moment la prime est versée ?

Vous touchez la prime mensuelle de 150 € à partir du quatrième mois de votre activité professionnelle, pendant douze mois au plus.

Elle peut être versée plus longtemps ou à nouveau dans certaines conditions.

Le contrat unique d'insertion (CUI)

Le **CUI** favorise l'embauche des personnes rencontrant des difficultés pour trouver un emploi. Il consiste en l'attribution d'une aide financière pour l'employeur s'il recrute une personne éloignée du marché de l'emploi.

Chaque département fixe annuellement les conditions d'éligibilité au CUI. Si vous percevez certaines prestations, vous en bénéficiez prioritairement.

Mettez-vous en relation avec une structure en charge de l'insertion professionnelle pour obtenir des informations et en faire la demande : Pôle emploi, missions locales, Cap emploi ou conseil départemental pour les bénéficiaires du RSA, maisons des entreprises et de l'emploi.

Quelles sont les caractéristiques du CUI ?

Il doit être signé par l'organisme prescripteur (cités ci-dessus), le salarié et l'employeur.

Il s'agit d'un CDI ou CDD de six à vingt-quatre mois en principe, avec une durée de travail hebdomadaire de 20 à 35 heures et un salaire au moins équivalent au SMIC horaire.

L'employeur désigne un tuteur (un salarié volontaire) au sein de l'entreprise pour vous accompagner.

Les salariés embauchés en CUI et bénéficiaires du RSA continuent de percevoir leur allocation pendant les trois premiers mois de leur contrat. Il est ensuite possible de percevoir à partir du 1er janvier 2016 la prime d'activité selon les ressources du foyer.

⚠ Le régime juridique applicable au CUI diffère concernant les départements d'outre-mer, Saint-Barthélemy, Saint-Martin, Saint-Pierre-et-Miquelon et Mayotte.

Peut-on suspendre et rompre un CUI ?

Vous pouvez le suspendre en particulier si vous êtes recruté en CDD de plus de six mois ou en CDI et dans certaines autres circonstances spécifiques.

⚠ À la fin de votre CUI, vous ne bénéficiez pas de la prime de précarité.

Les aides à l'insertion professionnelle spécialisées

L'accès à l'emploi pour les 16-25 ans : les emplois d'avenir

Qui peut en bénéficier ?

Ils s'adressent aux personnes de 16 à 25 ans, qui sont soit sans qualification, soit titulaire d'un CAP/BEP, en recherche d'emploi et rencontrant des difficultés particulières d'accès à l'emploi.

Les conditions sont plus souples si vous êtes reconnu travailleur handicapé ou si vous résidez dans une zone urbaine sensible, une zone de revitalisation rurale ou à l'outre-mer.

Où en faire la demande ?

Prenez contact avec la mission locale, le Pôle emploi ou le Cap emploi de votre secteur. Ils établissent votre profil, vos motivations, votre projet professionnel et vous mettent en relation avec un ou des employeurs répondant aux critères des emplois d'avenir.

Quelles sont les caractéristiques du contrat ?

Un référent au sein de la mission locale, du Pôle emploi ou de Cap emploi vous accompagne tout au long de vos démarches y compris après la fin du contrat. Le contrat signé avec votre employeur est un CDI ou CDD (de un à trois ans) à temps plein (sauf exception).

À l'issue de l'emploi d'avenir, une attestation d'expérience professionnelle renseignée par l'employeur vous est remise.

Comment rompre le contrat d'emploi d'avenir ?

Vous pouvez le rompre à chaque date anniversaire du contrat en respectant un préavis de deux semaines. L'employeur, selon des échéances identiques, peut rompre le contrat s'il justifie d'une cause réelle et sérieuse, moyennant un préavis de un mois.

⚠ Si vous avez signé un emploi d'avenir en CDD, vous ne bénéficiez pas de la prime de précarité prévue à la fin de votre contrat.

Où se renseigner ?

Contactez une mission locale afin de connaître les aides dont vous pouvez bénéficier.

Il existe aussi des lieux d'information et de conseil d'orientation dans toutes les académies : centre d'information et d'orientation (CIO), permanence d'accueil d'information et d'orientation (PAIO), services communs universitaires d'information et d'orientation (SCUIO), centre d'information jeunesse (CIDJ).

L'association de gestion du fonds pour l'insertion des personnes handicapées (AGEFIPH)

L'**AGEFIPH** est une association qui a pour mission de faciliter le recrutement, l'intégration professionnelle et le maintien dans l'emploi des personnes handicapées. Elle propose des aides et des services. Pour en bénéficier, il existe des critères spécifiques à chacun d'eux.

Contactez un conseiller Pôle emploi, Cap emploi ou une mission locale, qui étudiera votre situation et vous proposera de constituer un dossier de demande d'aides auxquelles vous pourrez prétendre. Il existe une AGEFIPH par région.

23. Se défendre en cas de conflit au travail

Que faire en cas de conflit avec votre employeur ?

• **Faire appel au délégué du personnel**

Le délégué du personnel peut être saisi de tout conflit lié au travail : salaire, durée et condition du travail, hygiène et sécurité, congés payés, accidents du travail, licenciement…

Il peut :
- présenter vos réclamations individuelles ou collectives à l'employeur ;
- saisir l'inspection du travail en cas de non-respect du Code du travail ou saisir l'employeur en cas d'atteinte aux libertés individuelles, aux droits de la personne ou à la santé physique ou mentale ;
- vous assister lors de l'entretien préalable au licenciement.

- **Saisir l'inspecteur du travail**

L'inspecteur du travail peut :
- contrôler l'application du droit du travail dans tous ses aspects ;
- conseiller et informer les salariés, les représentants du personnel et les employeurs sur leurs droits et leurs obligations ;
- concilier et faciliter le dialogue entre employeurs et salariés ;
- constater les infractions à la législation du travail.

➤ S'il y a un délégué du personnel dans votre entreprise, consultez-le d'abord.

Les inspecteurs du travail assurent des permanences et répondent aux demandes téléphoniques ou écrites. L'adresse de l'inspection du travail et le nom de l'inspecteur doivent être affichés dans l'entreprise.

- **Saisir le conseil de prud'hommes (CPH)**

Code du travail, article L. 1411-1

« Le conseil de prud'hommes règle par voie de conciliation les différends qui peuvent s'élever à l'occasion de tout contrat de travail soumis aux dispositions du présent code entre les employeurs, ou leurs représentants, et les salariés qu'ils emploient.
Il juge les litiges lorsque la conciliation n'a pas abouti ».

Dans quels cas le saisir ?

Il peut être saisi pour tout conflit individuel entre vous (salarié) et l'employeur en lien avec le contrat de travail (licenciement, sanction disciplinaire, paiement du salaire ou des primes, durée de travail, jours de repos ou de congé, conditions d'hygiène et de sécurité, remise d'attestation Pôle emploi ou du certificat de travail) ainsi que pour certains conflits entre salariés, tels que le harcèlement.

⚠ Il n'est pas compétent en matière d'accident du travail et de maladie professionnelle (contentieux de la sécurité sociale). Si vous êtes agent de la fonction publique, les conflits avec votre employeur doivent être portés devant le tribunal administratif.

Vous devez saisir le CPH du lieu dans lequel se trouve l'entreprise où vous travaillez. Si vous travaillez chez vous, celui de votre domicile.

Comment et quand le saisir ?

Présentez-vous au greffe du CPH qui vous remet un formulaire à remplir et à lui déposer ou adressez-lui votre demande par lettre recommandée avec accusé de réception. La saisine du CPH est gratuite.

Le recours à un avocat n'est pas obligatoire. Vous pouvez cependant être assisté tout au long de la procédure (droit n° 48).

⚠ Pour saisir le CPH vous devez respecter des délais qui varient en fonction du litige vous opposant à l'employeur. Renseignez-vous préalablement auprès des services d'accès au droit (droit n° 46).

24. Se protéger en cas de licenciement abusif

Vous êtes licencié quand votre employeur décide de mettre fin à votre contrat de travail. Si vous n'avez pas signé de contrat de travail, on considère que vous êtes en CDI. Dans le cas d'un contrat à durée déterminée (CDD), celui-ci ne peut être rompu qu'en cas d'accord des parties, de force majeure, de faute grave ou lourde ou si le salarié est embauché en CDI.

Pour quels motifs l'employeur peut-il licencier ?

Il existe deux types de licenciement : pour motif personnel ou pour motif économique. Le motif doit reposer sur des faits réels, précis, vérifiés et objectifs.

⚠ Certains salariés bénéficient par ailleurs d'une protection, par exemple les femmes enceintes, en congé maternité ou après retour de congé maternité, les jeunes pères pendant les 4 semaines suivant la naissance de l'enfant ou les salariés représentants du personnel.

• **Les motifs personnels**

Le licenciement pour motif personnel repose sur une cause liée à la personne du salarié. Elle doit être réelle et sérieuse (exister réellement dans les faits, être précise, vérifiable et suffisamment importante pour justifier la rupture du contrat de travail). À défaut le licenciement est sanctionné par le CPH.

Le motif personnel peut être :
– non disciplinaire : insuffisance professionnelle, inaptitude physique, refus d'une modification du contrat de travail… ;
– disciplinaire, s'il sanctionne une faute :
  - simple,
  - grave : rendant impossible le maintien du salarié dans l'entreprise,
  - lourde : commise avec l'intention de nuire à l'employeur.

⚠ L'inaptitude doit être constatée par un médecin du travail. Si elle est due à un accident du travail ou une maladie professionnelle, l'employeur doit essayer de vous trouver un autre emploi dans l'entreprise.

• **Les motifs économiques**

Un licenciement économique est la conséquence soit d'une suppression ou transformation de votre emploi, soit d'une modification, que vous avez refusée, d'un élément essentiel du contrat de travail. Il intervient pour faire face aux difficultés économiques ou aux mutations technologiques de l'entreprise, sauvegarder sa compétitivité ou en cas de cessation d'activité.

Quelles sont les obligations de l'employeur en cas de licenciement ?

L'employeur doit respecter les cinq étapes suivantes :
- la **convocation à l'entretien préalable** par lettre recommandée ou remise en main propre au moins cinq jours ouvrables avant la date de l'entretien ;
- l'**entretien préalable** pendant lequel vous pouvez être assisté d'une personne de votre choix (délégué du personnel, délégué syndical, avocat) ;
- la **lettre de licenciement** : envoyée en recommandé avec accusé de réception au moins deux jours ouvrables après l'entretien, énonçant avec précisions les motifs du licenciement ;
- le **préavis de licenciement** ;
- la **fin du contrat** : vous partez avec des indemnités si vous y avez droit, votre solde de tout

compte et les documents de fin de contrat obligatoires.

En cas de licenciement économique, l'employeur doit aussi avoir, au préalable :
- **consulté les institutions représentatives du personnel** sur les raisons et conditions du licenciement ;
- **informé la Direccte** du projet de licenciement ;
- **mis en œuvre tous les efforts de formation et d'adaptation** nécessaires à l'évolution des emplois et de reclassement.

Comment contester un licenciement ?

Saisissez dans un délai de deux ans le CPH de votre lieu de travail par courrier.

➤ Consultez un avocat, un syndicat ou une association afin d'examiner la légalité de la procédure de licenciement et vous aider dans vos démarches (droit n° 46, droit n° 48).

Les droits du salarié licencié : le préavis et les indemnités de licenciement

• Le respect d'un préavis

Le contrat de travail n'est pas rompu immédiatement après la réception de la lettre de licenciement. Sauf si vous en êtes dispensé par votre employeur ou si vous avez été licencié pour faute grave, lourde ou inaptitude, un délai de préavis doit être respecté pendant lequel vous continuez de travailler dans les mêmes conditions et touchez votre salaire.

La durée du préavis varie en fonction de votre ancienneté dans l'entreprise et doit être inscrite dans votre contrat de travail. Elle est doublée pour les travailleurs handicapés, sans excéder trois mois (sauf dispositions conventionnelles, accord collectif ou usage plus favorable).

• Les indemnités de licenciement

Les indemnités de licenciements sont versées automatiquement par l'employeur lorsque votre contrat de travail est rompu et figurent dans le solde de tout compte.

⚠ Si vous avez été licencié pour faute grave ou lourde, vous pouvez être privé d'indemnités.

Vous avez droit à :

- une indemnité de préavis si celui-ci n'est pas exécuté (sauf licenciement pour faute lourde ou grave, si l'employeur a accepté votre demande de dispense de préavis ou si vous êtes dans l'incapacité de l'effectuer) ;
- au paiement des congés payés non pris (sauf faute lourde) ;
- une indemnité de licenciement (sauf faute lourde ou grave) si vous avez plus d'un an d'ancienneté ;
- une contrepartie en cas de clause de non-concurrence.

➤ Si l'employeur ne paie pas ces indemnités ou que vous n'êtes pas d'accord avec le montant versé, saisissez-le par courrier recommandé avec accusé de réception. Si la situation persiste vous pouvez saisir le CPH.

25. Se défendre contre le travail dissimulé

Code du travail, article L. 8221-1

« Sont interdits : 1° Le travail totalement ou partiellement dissimulé [...] 3° Le fait de recourir sciemment, directement ou par personne interposée, aux services de celui qui exerce un travail dissimulé ».

Le travail dissimulé correspond à une situation où vous travaillez alors que l'employeur ne vous déclare pas ou pas totalement. C'est interdit. Seul l'employeur peut être condamné devant un tribunal, non le salarié.

Quand y a-t-il travail dissimulé ?

Quand l'employeur ne respecte pas, volontairement, certaines formalités :
- la déclaration préalable d'embauche ;
- l'envoi ou la remise de bulletin de paie ;
- la mention de l'ensemble des heures effectuées (y compris les heures supplémentaires) sur le bulletin de paie.

Quelles sont les conséquences pour le salarié ?

L'employeur ne verse pas de cotisations sociales, vous ne pouvez donc pas bénéficier des prestations sociales (sécurité sociale, allocation-chômage, retraite...). De plus, l'employeur peut profiter de l'absence de contrat écrit ou de fiche de paie pour ne pas payer de salaire égal ou supérieur au SMIC, ou ne pas payer toutes les heures effectuées.

Comment savoir si l'emploi est déclaré ?

Demandez aux inspecteurs et contrôleurs du travail, aux officiers et agents de police judiciaire, aux agents des impôts et des douanes ou aux agents des organismes de sécurité sociale des informations sur l'accomplissement de la déclaration préalable d'embauche faite par votre employeur. Vous pouvez leur envoyer un courrier avec accusé de réception, ou leur adresser la demande oralement.

Que faire en cas d'emploi non déclaré ?

Si vous êtes salarié de l'entreprise, demandez une régularisation de votre situation et le paiement éventuel de dommages et intérêts.

Si vous n'êtes plus salarié de l'entreprise, demandez une indemnité forfaitaire égale à six mois de salaire, le versement des indemnités liées à la rupture du contrat de travail et le paiement de dommages et intérêts.

En cas d'accident du travail ou de maladie professionnelle, vous pouvez bénéficier de la couverture sociale spécifique. Pour cela, vous devez le déclarer à la sécurité sociale dans les deux ans après l'accident ou la maladie.

À qui faut-il s'adresser si votre employeur ne régularise pas votre situation ?

Adressez-vous aux agents de l'Urssaf, aux inspecteurs ou contrôleurs du travail. Vous pouvez aussi saisir les représentants du personnel dans l'entreprise s'il y en a, des associations ou syndicats de salariés ou le CPH.

26. Se défendre contre l'exploitation et la traite des êtres humains

Code pénal, article 225-4-1

« La traite des êtres humains est le fait, en échange d'une rémunération ou de tout autre avantage ou d'une promesse de rémunération ou d'avantage, de recruter une personne, de la transporter, de la transférer, de l'héberger ou de l'accueillir, pour la mettre à sa disposition ou à la disposition d'un tiers, même non identifié, afin soit de permettre la commission contre cette personne des infractions de proxénétisme, d'agression ou d'atteintes sexuelles, d'exploitation de la mendicité, de conditions de travail ou d'hébergement contraires à sa dignité, soit de contraindre cette personne à commettre tout crime ou délit [...] ».

Qu'est-ce que l'exploitation ?

Le droit pénal protège les personnes contre diverses formes d'exploitation : travail forcé ou réduction en servitude, en esclavage, absence de rémunération ou sous-rémunération manifestement sans rapport avec l'importance du travail accompli pour des personnes vulnérables, conditions de travail ou d'hébergement incompatible avec la dignité humaine...

Qu'est-ce que la traite des êtres humains ?

Vous en êtes victime lorsqu'une personne vous a recruté, accueilli, transporté, transféré ou hébergé, notamment sous la menace, le recours à la force, la contrainte, la tromperie, afin de vous exploiter.

Déposer plainte contre l'auteur de l'infraction

Sollicitez l'intervention de l'inspection du travail ou portez plainte contre le/les responsables directement au commissariat ou à la gendarmerie, ou par courrier recommandé avec accusé de réception auprès du procureur de la République du tribunal de grande instance de votre domicile (droit n° 49).

➤ Faites-vous accompagner dans ces démarches par des associations spécialisées, une structure d'accès au droit ou un avocat (droit n° 46, droit n° 48).

Bénéficier d'une aide et d'un accompagnement

Spécifiquement pour les victimes de traite des êtres humains, le dispositif national Ac.Sé (accueil sécurisant) :

- propose un hébergement et un accompagnement éloignés géographiquement du lieu de résidence de la personne victime en danger ou en grande vulnérabilité ;
- agit comme pôle ressource auprès des professionnels en contact avec des personnes victimes.

Régulariser sa situation administrative

Si vous êtes de nationalité étrangère et êtes ou avez été victime de traite des êtres humains ou de proxénétisme, vous pouvez obtenir une carte de séjour temporaire si vous portez plainte ou témoignez contre l'auteur de ces infractions et acceptez de coopérer dans le cadre de l'enquête.

⚠ L'objet de la plainte doit mentionner précisément « traite des êtres humains » pour que votre demande de titre soit acceptée par la préfecture.

En cas de condamnation définitive de l'auteur de l'infraction, vous êtes mis en possession d'une carte de résident.

Vous pouvez aussi déposer une demande d'asile si vous craignez d'être victime de persécutions en cas de retour dans votre pays d'origine (droit n° 4).

Ressources utiles

Numéro national pour les victimes d'exploitation ou de traite humaine :

0825 009 907 : numéro d'accueil national ;
08 842 846 37 : plateforme téléphonique s'adressant à toutes les personnes victimes d'infractions (08Victimes).

Pour accompagner les personnes victimes de traite d'êtres humains :

Dispositif national Ac.Sé
BP 1532
06099 Nice cedex 1
tél. 04 92 15 10 51
email : ac.se@association-alc.org
www.acse-alc.org

PROTECTION ET PRESTATIONS SOCIALES

27. Bénéficier de l'allocation de solidarité spécifique (ASS)
28. Bénéficier de l'allocation adulte handicapé (AAH) et de la prestation de compensation du handicap (PCH)
29. Bénéficier de l'allocation de solidarité aux personnes âgées (ASPA), de l'allocation supplémentaire d'invalidité (ASI) et de l'allocation personnalisée d'autonomie (APA)
30. Bénéficier du revenu de solidarité active (RSA)

➤ Différentes prestations existent lorsque l'on accède difficilement au marché du travail, que l'on soit en fin de droit d'allocations-chômage, que l'on ait atteint l'âge de la retraite sans disposer de ressources suffisantes ou encore que l'on soit confronté à une perte d'autonomie nécessitant d'être aidé au quotidien. Le revenu de solidarité active permet aussi de garantir aux personnes en difficulté un niveau minimum de revenu.

27. Bénéficier de l'allocation de solidarité spécifique (ASS)

Code du travail, article L. 5423-1

« Ont droit à une allocation de solidarité spécifique les travailleurs privés d'emploi qui ont épuisé leurs droits à l'allocation d'assurance ou à l'allocation de fin de formation [...] et qui satisfont à des conditions d'activité antérieure et de ressources ».

L'allocation de solidarité spécifique (ASS) permet aux chômeurs n'ayant plus droit aux allocations-chômage de bénéficier d'un minimum de ressources. Son montant est de 487,50 € minimum par mois au 1er janvier 2015.

Quelles sont les conditions à remplir pour en bénéficier ?

– aucun âge minimum mais ne pas avoir atteint l'âge légal de départ à la retraite ;
– être inscrit comme demandeur d'emploi à Pôle emploi ;
– avoir travaillé au moins cinq ans durant les dix années précédant la fin de votre dernier contrat de travail. Moins si vous avez cessé de travailler pour élever un enfant ;
– avoir des ressources inférieures à un certain plafond.

Comment demander l'ASS ?

Pôle emploi vous adresse une demande d'admission environ deux mois avant la fin de vos allocations-chômage. Remplissez-la et renvoyez-la. Sinon, faites-en la demande dans un délai de deux ans à compter du moment où vous remplissez les conditions pour en bénéficier.

➤ Si le nombre de jours de travail déjà enregistrés par Pôle emploi est inférieur à 1 825 jours, apportez les justificatifs des périodes d'activité manquantes.

L'ASS est versée pour six mois renouvelables sans condition de durée.

L'ASS peut-elle se cumuler avec des revenus professionnels ?

Si vous reprenez une activité, vos revenus professionnels peuvent se cumuler avec un complément d'ASS pendant douze mois, sous réserve que votre activité soit inférieure à 78 heures par mois. Le montant de l'ASS est alors calculé en fonction de votre salaire et de votre nombre d'heures de travail.

Afin de constituer votre demande et estimer son montant, vous pouvez solliciter l'aide d'un conseil Pôle emploi ou de votre travailleur social.

Dans quelles conditions peut-elle être suspendue ?

– en cas de radiation des listes de demandeurs d'emploi ;
– si vous ne remplissez pas les conditions pour bénéficier de l'ASS ;
– si vous êtes incarcéré ;
– si vous avez de nouveau droit à l'allocation-chômage ;
– si vous suivez une formation rémunérée par l'État ou une région ; dans ce cas d'autres aides existent, demandez à être renseigné ;
– si vous percevez : une indemnité pour maladie, maternité, paternité, accident du travail ou maladie professionnelle, l'allocation journalière de présence parentale, le complément de libre choix d'activité, le complément optionnel du libre choix d'activité ;
– en cas de fausses déclarations.

Contactez Pôle emploi pour avoir des explications sur le non-versement de l'allocation.

Comment contester le refus ou la suspension de l'ASS ?

Adressez un recours auprès du directeur général de Pôle emploi en recommandé avec accusé de réception dans les deux mois à compter de la notification de la décision. Joignez la copie de la décision de refus et des justificatifs à l'appui de vos arguments.

Si le refus est confirmé, saisissez le tribunal administratif de votre lieu de domicile dans les deux mois à compter de la notification de la décision (ou après deux mois sans réponse du directeur général à compter du jour où il a été saisi de votre premier recours).

Vous pouvez saisir le médiateur national de Pôle emploi ou le Défenseur des droits après un premier recours auprès du directeur de votre Pôle emploi.

⚠ Leur saisine ne suspend pas les délais de recours.

28. Bénéficier de l'allocation adulte handicapé (AAH) et de la prestation de compensation du handicap (PCH)

L'allocation adulte handicapé (AAH)

Code de la sécurité sociale, article L. 821-4

« L'allocation aux adultes handicapés est accordée [...] sur décision de la commission [des droits et de l'autonomie des personnes handicapées] appréciant le niveau d'incapacité de la personne handicapée ainsi que, pour les personnes mentionnées à l'article L. 821-2 du présent code, leur impossibilité, compte tenu de leur handicap, de se procurer un emploi ».

L'**AAH** est un revenu minimum à destination des personnes handicapées.

Quelles conditions faut-il remplir pour bénéficier de l'AAH ?

- résider en France de façon permanente ; les étrangers doivent être munis d'un titre de séjour ou d'un récépissé de demande ou de renouvellement de titre de séjour ;

- avoir entre 20 et 60 ans (ou au moins 16 ans si vous n'habitez plus chez vos parents) ;
- disposer de ressources inférieures à un plafond ;
- être atteint d'un taux d'incapacité permanente de 80 % ou d'un taux d'incapacité permanente compris entre 50 et 79 % entraînant pour vous une « restriction substantielle et durable » (de grandes difficultés) pour accéder à un emploi, constatée par la commission des droits et de l'autonomie des personnes handicapées (CDAPH) de la maison départementale des personnes handicapées (MDPH) dont vous dépendez.

Quelles conditions faut-il remplir pour accéder aux compléments ?

Deux compléments, non cumulables entre eux, sont destinés aux bénéficiaires de l'AAH atteints d'un taux d'incapacité d'au moins 80 %, qui ne travaillent pas et habitent dans un logement indépendant :

- le complément de ressources : si vous avez une capacité de travail inférieure à 5 % et que vous n'avez pas de revenu d'activité depuis au moins un an ; vous devez en faire la demande à la MDPH ;

– la « majoration pour vie autonome » : attribuée aux bénéficiaires de l'AAH qui n'ont pas de revenus professionnels et bénéficient d'une aide au logement ; elle est versée automatiquement par la caisse d'allocations familiales (CAF) ou la mutualité sociale agricole (MSA) dès lors que vous remplissez les conditions.

Où déposer votre demande d'AAH ?

Remplissez un formulaire à envoyer à la MDPH de votre département, accompagné d'un certificat médical de moins de trois mois.

Si vous n'avez pas de réponse dans un délai de quatre mois à compter du dépôt de la demande, il faut considérer que votre demande a été refusée.

L'AAH et ses compléments sont octroyés pour une durée allant de un à cinq ans. Exceptionnellement, la durée peut être supérieure à cinq ans, sans pouvoir dépasser dix ans. L'AAH est versée automatiquement à la fin de chaque mois.

⚠ Le montant de l'AAH est réduit (jusqu'à 30 % du montant mensuel maximum) si vous reprenez une activité, que vous êtes hospitalisé, hébergé en maison d'accueil spécialisée ou incarcéré, après plus de soixante jours.

Que faire en cas de rejet de votre demande ?

Si le rejet provient de la MDPH (qui vérifie que vous remplissez les conditions liées à l'état de santé) : vous pouvez effectuer dans les deux mois après la notification du refus une conciliation ou un recours gracieux auprès de votre MDPH.

En cas de refus confirmé, vous pouvez saisir le tribunal du contentieux de l'incapacité (TCI) dépendant de votre domicile dans un délai de deux mois.

Si le rejet provient de la CAF ou de la MSA (chargée d'apprécier les conditions administratives : âge, résidence...) : vous pouvez saisir la commission de recours amiable de la CAF ou de la MSA dans les deux mois après la notification du refus. En cas de refus confirmé, saisissez le tribunal administratif.

➤ Dans l'un ou l'autre cas, il est recommandé d'être accompagné dans vos démarches. Sollicitez les structures d'accès au droit proches de chez vous ou un avocat (droit n° 46, droit n° 48).

La prestation de compensation du handicap (PCH)

La **PCH** est une aide personnalisée destinée à financer certains besoins liés à la perte d'autonomie, sous certaines conditions d'âge et de résidence. Elle permet ainsi de préserver votre cadre de vie. Elle se cumule avec l'AAH et vous pouvez en bénéficier à domicile ou en établissement de santé.

Que peut financer la PCH ?

La PCH contribue à financer une aide humaine (assistance à domicile ou dédommagement d'un aidant familial), un achat ou une location de matériel compensant le handicap, un aménagement de votre logement ou de votre véhicule de transport, les coûts de transports s'ils sont réguliers ou l'acquisition et l'entretien d'un chien d'assistance.

La PCH peut couvrir totalement ou partiellement le montant de vos besoins selon vos ressources et le type d'assistance demandé.

Comment la demander ?

Adressez la demande à la MDPH de votre domicile, qui vous remettra un formulaire.

La PCH peut être demandée en urgence, si vous risquez de perdre votre emploi ou votre domicile ou que vous devez faire des dépenses importantes avant que la MDPH n'ait eu le temps de vous répondre en suivant la procédure normale. Renseignez-vous auprès de votre MDPH.

Quels recours si on vous la refuse ?

Sollicitez une **conciliation** en écrivant à la MDPH et en joignant copie de la décision de refus, dans les deux mois qui suivent sa réception. Vous pouvez aussi adresser un recours gracieux afin qu'une nouvelle décision soit prise par la MDPH, dans les deux mêmes mois. La MDPH a deux mois pour vous répondre. À défaut, vous pouvez considérer qu'il s'agit d'un refus et envisager un recours contentieux, devant le tribunal du contentieux de l'incapacité.

29. Bénéficier de l'allocation de solidarité aux personnes âgées (ASPA), de l'allocation supplémentaire d'invalidité (ASI) et de l'allocation personnalisée d'autonomie (APA)

L'allocation de solidarité aux personnes âgées (ASPA)

📖 Code de la sécurité sociale, article L. 815-1

« Toute personne justifiant d'une résidence stable et régulière sur le territoire métropolitain ou dans un département mentionné à l'article L. 751-1 et ayant atteint un âge minimum bénéficie d'une allocation de solidarité aux personnes âgées dans les conditions prévues par le présent chapitre ».

L'**ASPA** est un revenu destiné aux personnes ayant une petite ou pas de retraite.

Qui peut en bénéficier ?

- toute personne résidant de façon stable et régulière en France : pour les personnes non

ressortissantes d'un État de l'UE, posséder un titre de séjour autorisant à travailler en cours de validité depuis au moins dix ans, ou bien être ressortissant d'un État membre de l'Espace économique européen ou suisse ;
- avoir 65 ans, ou 62 ans si vous avez un taux d'incapacité permanente de 50 % minimum ou avez été reconnu inapte au travail ;
- avoir des ressources inférieures à des plafonds spécifiques.

Comment faire la demande ?

Remplissez le formulaire spécifique, et joignez-y les pièces justificatives demandées.

Où retirer le formulaire et faire sa demande ?

votre situation	où s'adresser ?
vous n'avez pas droit à une retraite	à la mairie de votre lieu de résidence
vous ne percevez pas de retraite mais vous y avez droit	à l'organisme qui devra vous verser une retraite
vous percevez une retraite	à l'organisme qui vous verse une retraite
vous percevez plusieurs avantages vieillesses	vérifiez quel organisme contacter en priorité

Comment contester le rejet de votre demande ?

Saisissez dans les deux mois suivant sa notification, par lettre recommandée avec accusé de réception, la commission des recours amiables (CRA) de l'organisme qui a pris la décision.

En cas de refus de la CRA ou d'absence de réponse durant deux mois, un recours peut être porté devant le tribunal des affaires de sécurité sociale (TASS) dans un nouveau délai de deux mois.

➤ Faites-vous aider dans ces démarches par un avocat ou un juriste dans une structure d'accès au droit (droit n° 46, droit n° 48).

L'allocation supplémentaire d'invalidité (ASI)

Si vous n'avez pas atteint l'âge légal de départ à la retraite et êtes titulaire d'une pension de retraite ou d'invalidité, vous pouvez bénéficier de l'**ASI**.

Quelles sont les conditions pour en bénéficier ?

Pour bénéficier de l'ASI, vous devez :
- percevoir une pension d'invalidité ou de retraite ;

– résider régulièrement en France ou, si vous êtes étranger :
  - soit être titulaire depuis dix ans minimum d'un titre de séjour avec autorisation de travail ;
  - soit être réfugié, apatride ou bénéficier de la protection subsidiaire ;
  - soit être de nationalité suisse ou ressortissant d'un État membre de l'Espace économique européen ;
– être atteint d'une invalidité générale réduisant votre capacité de travail des deux tiers ;
– ne pas dépasser un certain plafond de ressources.

Quel est son montant ?

Son montant dépend de vos ressources et de votre situation familiale. Le versement de l'ASI cesse dès que vous avez atteint l'âge légal de départ à la retraite. Vous êtes alors éligible à l'ASPA.

Comment demander l'ASI ?

Retirez un formulaire auprès de l'organisme qui vous verse la pension de retraite ou d'invalidité. Si vous avez entre 60 et 62 ans, adressez-vous à la caisse nationale d'assurance vieillesse (CNAV).

L'allocation personnalisée d'autonomie (APA)

L'APA est une aide au paiement de certaines dépenses en cas de perte d'autonomie, adaptée à vos besoins spécifiques (appréciés par une équipe médico-sociale), versée par le département selon des conditions d'âge, de résidence et de perte d'autonomie.

Renseignez-vous auprès des services de votre département ou d'un CCAS.

Dans les deux mois de la décision de refus, saisissez la commission de l'allocation personnalisée d'autonomie par lettre recommandée (recours gracieux). Puis (ou directement à défaut de recours gracieux) la commission départementale d'aide sociale.

30. Bénéficier du revenu de solidarité active (RSA)

Code de l'action sociale et des familles, article L. 262-1

« Le revenu de solidarité active a pour objet d'assurer à ses bénéficiaires des moyens convenables d'existence, d'inciter à l'exercice d'une activité professionnelle et de lutter contre la pauvreté de certains travailleurs, qu'ils soient salariés ou non-salariés [...] ».

Le **RSA** garantit un niveau minimum de ressources de manière subsidiaire : il faut avoir fait valoir préalablement ses droits à toutes autres prestations sociales légales, réglementaires, conventionnelles et créances alimentaires, et ne pas y avoir eu droit.

Qui peut bénéficier du RSA ?

Vous devez, cumulativement :

- avoir pour l'ensemble du foyer des revenus inférieurs à un plafond calculé selon la composition de votre foyer ;
- être français ou titulaire d'un titre de séjour autorisant à travailler depuis au moins cinq ans ; ou être ressortissant des États membres

de l'Union européenne ou de l'Espace économique européen, remplissant les conditions exigées pour l'obtention d'un droit au séjour et ayant résidé en France dans les trois mois précédant la demande ;
- ne pas être élève, étudiant ou stagiaire (hors stagiaires de la formation professionnelle) ;
- ne pas être en congé parental, sabbatique, sans solde ou en disponibilité ;
- les travailleurs indépendants ne doivent employer aucun salarié et leur chiffre d'affaires ne doit pas dépasser 800 SMIC/an ;
- être âgé de plus de 25 ans ou avoir un enfant de moins de 3 ans.

Certaines autres conditions très spécifiques existent, sollicitez un travailleur social.

Le **RSA jeune** est destiné aux personnes de 18 à 25 ans, avec des conditions spécifiques de travail préalable.

⚠ Le RSA activité s'applique jusqu'à fin 2015 aux personnes dans les conditions ci-dessus et disposant d'un revenu d'activité sous un certain plafond.

RSA activité et prime pour l'emploi (PPE) seront remplacés par la prime d'activité au 1er janvier 2016. Elle sera ouverte aux jeunes actifs dès 18 ans. Référez-vous aux liens utiles mentionnés à la fin de cet article pour obtenir des informations à jour sur la prime d'activité.

Comment le demander ?

La demande se fait sur le site internet de votre caisse d'allocations familiales (CAF) ou de votre caisse de mutualité sociale agricole (MSA) ou en retirant et envoyant le formulaire (formulaires distincts pour salariés et non-salariés) auprès des services sociaux de votre conseil départemental, centre communal d'action sociale ou auprès d'associations ou d'organismes autorisés à instruire ces demandes. Si vous n'avez pas de domicile fixe ou stable, faites une demande de domiciliation (droit n° 2).

Comment est calculé le RSA ?

La CAF détermine si vous avez droit au RSA et à quel montant. L'ensemble de vos ressources et celles de toutes les personnes de votre foyer sont prises en compte. Le montant du RSA socle pour un foyer d'une personne sans revenu s'élève à 513,88 € au 1er janvier 2015.

Le RSA est versé sans limite dans le temps, du moment que vos revenus (ou ceux de votre foyer) ne dépassent pas le niveau du revenu garanti, qui varie selon la composition familiale.

Quels sont vos droits ?

Vous pouvez bénéficier d'un accompagnement social et/ou professionnel adapté à vos besoins. Il doit vous aider à :
- régler des difficultés d'ordre social ;
- chercher un emploi ou augmenter votre nombre d'heures de travail…

Quelles sont vos obligations ?

Vous devez effectuer des démarches actives de recherche d'emploi ou d'insertion si :
- les revenus professionnels de votre foyer sont inférieurs au minimum garanti (par ex. 770,82 € pour un couple au 1er janvier 2015) ;
- vous êtes sans emploi (ou si le revenu moyen des trois derniers mois est inférieur à 500 € au 1er janvier 2015). Vous passez alors avec votre référent un contrat « librement débattu, énumérant [vos] engagements réciproques ».

Dans quels cas votre allocation peut-elle être suspendue ou réduite ?

Le président du conseil départemental peut décider de réduire ou suspendre le versement du RSA lorsque :

- vous refusez de signer ou de renouveler votre contrat d'accompagnement ;
- vous ne respectez pas le contrat ;
- vous êtes radié des listes de demandeurs d'emploi ;
- vous refusez les contrôles ;
- vous ne vous présentez pas à l'audition tenue par une équipe pluridisciplinaire.

Avant toute décision de suspension ou réduction de votre allocation, vous pouvez expliquer pourquoi vous n'avez pas pu respecter vos obligations, lors de l'audition ou par courrier.

Que se passe-t-il si vous êtes hospitalisé ?

Si vous bénéficiez du RSA, que vous n'avez ni conjoint, ni enfant, ni personne à charge et que vous êtes hospitalisé plus de soixante jours, le montant de votre RSA est réduit de 50 % (car les frais de séjour sont pris en charge par l'assurance maladie).

⚠ Cette réduction ne s'applique pas si vous êtes hospitalisée en état de grossesse.

Que faire si vous êtes incarcéré ?

L'allocation est suspendue après soixante jours de détention et reprend le premier jour du mois suivant votre sortie de détention.

⚠ Si vous êtes incarcérée en état de grossesse ou accompagnée de votre enfant et que vous remplissez la condition d'isolement, vous pouvez vous voir ouvrir le droit à une majoration du RSA qui cesse dès que l'enfant quitte l'établissement.
Si c'est un membre de votre foyer qui est incarcéré, les conditions d'attribution du RSA sont réexaminées pour vérifier que vous y êtes toujours éligible.

Le droit au RSA peut être ouvert dans le cadre de mesures d'aménagement ou d'exécution de peine.

Quels recours si on vous refuse ou suspend le RSA ?

Effectuez d'abord un recours gracieux devant le président du conseil départemental, dans un délai de deux mois suivant la décision de suspension ou de refus du RSA.

S'il confirme le rejet ou la suspension, vous avez deux mois pour entamer une procédure devant le tribunal administratif de votre domicile. Le recours à un avocat n'est pas obligatoire, mais conseillé (droit n° 48).

Vous pouvez aussi saisir le Défenseur des droits (droit n° 47). Cela ne suspend et n'interrompt pas les délais de recours.

Ressources utiles

Pour avoir les informations sur le fonctionnement du RSA et le fonctionnement de la prime d'activité à partir de 2016 :
www.vosdroits.service-public.fr

Pour simuler vos droits au RSA et à la prime d'activité :
www.caf.fr

SANTÉ

31. Accéder à l'assurance maladie
32. Bénéficier de la couverture maladie universelle (CMU)
33. Bénéficier d'une complémentaire santé (CMU-C et ACS)
34. Bénéficier de l'aide médicale d'État (AME)
35. Accéder aux soins
36. Accéder à la contraception
37. Exercer le droit à l'interruption volontaire de grossesse (IVG)

➤ Chacun doit pouvoir accéder à la prévention en matière de santé et bénéficier de soins, appropriés et de qualité. Cette solidarité nationale se traduit concrètement à travers le régime de la sécurité sociale ainsi que divers dispositifs d'accueil et de prise en charge tels que les centres de santé, les permanences d'accès aux soins de santé. Le droit à la santé implique également la liberté de disposer de son corps, que réalisent le droit à la contraception ou à l'interruption volontaire de grossesse.

31. Accéder à l'assurance maladie

📖 Code de la sécurité sociale, article L. 311-2

« Sont affiliées obligatoirement aux assurances sociales du régime général, quel que soit leur âge et même si elles sont titulaires d'une pension, toutes les personnes quelle que soit leur nationalité, de l'un ou de l'autre sexe, salariées ou travaillant à quelque titre ou en quelque lieu que ce soit, pour un ou plusieurs employeurs et quels que soient le montant et la nature de leur rémunération, la forme, la nature ou la validité de leur contrat ».

L'assurance maladie garantit l'accès aux soins et le droit à indemnisation en cas de perte ou de réduction de la force de travail des personnes exerçant ou ayant exercé une activité professionnelle et cotisé à ce titre.

Qui relève du régime général ?

Vous relevez de l'assurance maladie du régime général de la sécurité sociale si vous :

- résidez en France de manière stable et régulière depuis au moins trois mois ;
- êtes salarié ou appartenez à une catégorie professionnelle assimilée aux salariés : travail-

leurs à domicile, assistants maternels, employés d'hôtel, café et restaurant, personnes agréées s'occupant de personnes âgées ou handicapées, artistes, journalistes…

⚠ Si vous êtes salarié agricole, vous êtes rattaché à la mutualité sociale agricole (MSA). Si vous êtes auto-entrepreneur, artisan ou commerçant, vous relevez du régime social des indépendants. Si vous êtes auto-entrepreneur mais conservez votre activité salariée à titre principal, vous relevez toujours du régime général de la sécurité sociale.

⚠ Les personnes détenues sont obligatoirement affiliées au régime général de l'assurance maladie. Les démarches administratives sont réalisées par l'établissement pénitentiaire dans lequel vous êtes incarcéré.

Quelles sont les conditions à remplir pour être affilié au régime général ?

Vous êtes rattaché à la caisse d'assurance maladie de votre lieu de résidence dès votre premier jour de travail en qualité de salarié ou d'assimilé. Pour les remboursements de frais de santé ou les indemnités, vous devez avoir travaillé un nombre d'heures minimum ou cotisé un montant minimum, sur une période de référence donnée et, pour les indemnisations, être affilié depuis suffisamment longtemps au régime général.

⚠ Vous pouvez prétendre en revanche à l'assurance accident du travail dès le premier jour de travail, sans aucune autre condition d'heure travaillée ou de montant cotisé.

Si vous ne remplissez pas les conditions pour être assuré du régime général, vous avez droit au remboursement de vos dépenses de santé dans le cadre de la couverture maladie universelle (droit n° 32)

Qui peut être rattaché à votre assurance maladie ?

Les personnes avec lesquelles vous vivez et qui sont à votre charge peuvent être assurées en qualité d'« ayants droit » dès lors qu'il s'agit de :
- votre conjoint (marié, pacsé, concubin) s'il ne relève pas d'un autre régime ;
- vos enfants jusqu'à 16 ans ou au-delà (21 ans maximum) à certaines conditions (études par ex.) ;
- un membre de votre famille s'il vit chez vous et s'occupe des travaux ménagers et de l'éducation d'au moins deux enfants de moins de 14 ans ;
- une personne vivant chez vous et à votre charge depuis au moins un an.

Demandez leur rattachement auprès de votre caisse primaire d'assurance maladie (CPAM) en remplissant le formulaire prévu à cet effet.

⚠ Dès que vous ne remplissez plus les conditions pour bénéficier du régime général de l'assurance maladie, vous conservez le maintien de vos droits aux prestations de l'assurance maladie, maternité, invalidité et décès pendant un an, et au-delà lorsque :
- vous êtes ancien salarié à la retraite ;
- vous êtes chômeur indemnisé par Pôle emploi.

À quoi donne droit l'assurance maladie ?

Elle donne droit à deux types de prestations :
- des prestations en nature, correspondant aux remboursements (soins, médicaments, frais d'hospitalisation, analyses médicales...) ;
- des prestations en espèces, correspondant au versement d'indemnités journalières lorsque vous ne pouvez plus travailler (en raison de maladie, maternité, invalidité, décès), afin de compenser la perte de revenu.

L'assurance maladie ne rembourse pas la totalité de vos dépenses de santé. Certaines sommes restent toujours à votre charge :

- le **ticket modérateur** : l'assurance maladie ne vous rembourse qu'un pourcentage de vos frais de soins, appelé « part obligatoire » ;

⚠ Vous pouvez bénéficier auprès de certains pharmaciens, médecins ou centres d'examens du « tiers payant » : ce système vous autorise à ne payer que la part complémentaire et ainsi ne pas faire l'avance des frais. Le tiers payant devrait être généralisé d'ici 2017 dans le cadre de l'actuel projet de loi de modernisation du système de santé.

- les **participations forfaitaires et franchises médicales** qui ne vous sont pas remboursées ;

- le **forfait hospitalier** : vous payez 18 € par jour d'hospitalisation en établissement public ou privé, 13,50 € par jour en établissement de santé psychiatrique.

⚠ Dans certaines situations vous êtes davantage, voire totalement remboursé : si vous êtes enceinte, si vous souffrez d'une affection longue durée (diabète, cancer...), si les soins concernent votre nouveau-né, si vous bénéficiez de la couverture maladie universelle complémentaire (CMU-C)...

Le respect du « parcours de soins coordonnés » : choisir son médecin traitant

Vous bénéficiez d'une meilleure prise en charge de vos dépenses si vous déclarez un médecin traitant référent (généraliste ou spécialiste) et que vous le consultez d'abord avant d'aller voir un spécialiste.

⚠ Vous pouvez toujours consulter directement certains spécialistes sans passer par votre médecin traitant lorsqu'il s'agit d'un dentiste, gynécologue, ophtalmologue, psychiatre, neuropsychiatre ou stomatologue.

Où se renseigner ?

Vous pouvez :
- vous rendre dans le centre de sécurité sociale de votre domicile ;
- appeler un conseiller de l'assurance maladie au 36 46 (prix d'un appel local depuis un téléphone fixe) ;
- consulter le site internet de l'assurance maladie.

➤ Informez l'assurance maladie de vos changements de situation (changement d'adresse, grossesse, perte d'emploi…). Il est aussi possible de bénéficier par votre employeur d'une assurance complémentaire santé collective qui vous permet d'être remboursé de manière plus complète. Sinon vous pouvez souscrire une assurance complémentaire santé individuelle (dite « mutuelle »), et en dessous d'un certain plafond de revenu, bénéficier d'une aide pour cette complémentaire (droit n° 33).

Ressources utiles

Le site internet de l'assurance maladie :
www.ameli.fr

32. Bénéficier de la couverture maladie universelle (CMU)

Code de la sécurité sociale,
article L. 161-2-1

« Toute personne qui déclare auprès d'une caisse primaire d'assurance maladie ne pas bénéficier des prestations en nature des assurances maladie et maternité est affiliée sans délai […] au régime général […] ».

La CMU garantit la prise en charge de vos frais de santé par l'assurance maladie si vous ne pouvez en bénéficier par le biais de votre activité professionnelle ou d'un autre régime obligatoire.

Elle est gratuite si vous êtes bénéficiaire du RSA, de l'aide à la complémentaire santé (ACS) ou de la complémentaire universelle (CMU-C), ou si vos ressources sont inférieures à un plafond annuel. Au-delà, vous devez payer une cotisation annuelle égale à 8 % du montant de vos revenus dépassant ce plafond.

Si vous percevez une allocation-chômage, vous êtes déjà couvert pas l'assurance maladie, vous n'avez donc pas besoin de demander la CMU.

Qui peut en bénéficier ?

Vous devez :
- ne pas bénéficier de l'assurance maladie ;
- avoir la nationalité française, un titre de séjour en cours de validité ou avoir déposé une demande de titre de séjour (vous avez un récépissé, une convocation, un rendez-vous à la préfecture...) ;
- résider en France de manière stable depuis au moins trois mois (à prouver par tout moyen).

⚠ La condition de résidence stable ne s'applique pas toujours, notamment si vous percevez : le RSA, des prestations familiales, une allocation aux personnes âgées, une aide au logement, une prestation d'aide sociale, l'allocation aux adultes handicapés, si vous êtes demandeur d'asile... Renseignez-vous auprès de votre caisse primaire d'assurance maladie (CPAM) ou d'un travailleur social.

Si vous êtes sans domicile fixe, faites-vous domicilier (droit n° 2).

Comment demander la CMU ?

Retirez auprès de votre CPAM ou téléchargez sur le site www.ameli.fr un formulaire à compléter et renvoyer ou déposer à votre caisse d'assurance maladie avec les justificatifs exigés.

⚠ Chaque année, vous devez faire une nouvelle déclaration de ressources et de lui renvoyer des pièces justificatives.

À quoi donne droit la CMU ?

La CMU garantit le même droit au remboursement de soins et médicaments que pour tout assuré social. Vos enfants et votre conjoint sont couverts de la même manière.

Que faire si on vous refuse la CMU ?

Vous avez deux mois pour contester la décision de refus de CMU auprès de la commission de recours amiable (CRA). Joignez une copie de la décision contestée et tout document de nature à justifier votre situation dans votre recours (courrier en recommandé avec accusé de réception).

La CRA a un mois pour vous répondre : à défaut, son silence vaut refus. Vous avez deux mois à compter du refus ou de l'expiration du délai de réponse prévu pour saisir le tribunal des affaires de sécurité sociale (TASS) de votre domicile.

Informez-vous et faites-vous accompagner dans vos démarches par un dispositif d'accès au droit ou un avocat (droit n° 46, droit n° 48).

⚠ Vous pouvez aussi solliciter l'intervention du Défenseur des droits. Faites-le après avoir adressé une réclamation au directeur de votre CPAM. Cette démarche ne suspend pas les délais.

33. Bénéficier d'une complémentaire santé (CMU-C et ACS)

Bénéficier de la couverture maladie universelle complémentaire (CMU-C)

La **CMU-C** vous donne droit gratuitement à une prise en charge à 100 % de vos dépenses de santé sans avance de frais. Elle est accessible indépendamment de votre régime d'assurance maladie.

Qui peut en bénéficier ?

Vous devez :
- être français ou posséder un titre de séjour en cours de validité (ou avoir déposé une demande de titre : avoir un récépissé, une convocation, un rendez-vous à la préfecture...) ;
- résider en France régulièrement depuis plus de trois mois ;
- avoir des ressources annuelles inférieures à un plafond qui dépend de la composition du foyer, ou bénéficier du RSA.

Si vous êtes sans domicile fixe, faites-vous domicilier (droit n° 2).

Comment obtenir la CMU-C ?

Remplissez le formulaire spécifique, disponible auprès de votre caisse primaire d'assurance maladie (CPAM) ou téléchargeable sur le site www.ameli.fr, et renvoyez-le accompagné des justificatifs exigés.

Le choix de l'organisme complémentaire vous revient (à mentionner dans le formulaire) et vous pouvez opter :
- soit pour votre CPAM ;
- soit pour un autre organisme inscrit sur une liste agréée (consultable sur le site : www.cmu.fr en cliquant sur le lien « démarches et formulaires »).

Pour la constitution de ce dossier, vous pouvez solliciter l'aide de votre CPAM, de votre centre communal d'action sociale (CCAS) ou d'une association agréée.

⚠ La demande est à refaire chaque année.

À quoi donne droit la CMU-C ?

Vous avez droit à :

- la prise en charge du « ticket modérateur » (partie qui reste en principe à la charge de l'assuré social après remboursement de l'assurance maladie) ;
- la prise en charge du forfait journalier en cas d'hospitalisation ;
- l'exonération de la participation forfaitaire de 1 € et de la franchise médicale ;
- la prise en charge des frais dépassant les montants remboursables de la sécurité sociale jusqu'à un certain tarif fixé par arrêté ;
- la dispense d'avance de frais (vous n'avez plus à payer la consultation auprès de votre médecin traitant dans le cadre du parcours de soins coordonnés, les soins dentaires, les examens ou médicaments prescrits : votre caisse fait l'avance).

⚠ Si votre médecin exige une avance de frais ou un dépassement d'honoraire dans le cadre de votre parcours de soins coordonnés, vous n'êtes absolument pas tenu de le faire. Vous pouvez saisir directement le conciliateur de votre caisse, vous adresser au délégué du Défenseur des droits (droit n° 47) et/ou saisir l'ordre des médecins de votre lieu de domicile.

Quels recours si on vous refuse la CMU-C ?

Saisissez la commission départementale d'aide sociale (CDAS) dans les deux mois suivant la notification de la décision de refus. Vous avez le droit de vous faire accompagner de la personne ou d'un représentant d'un organisme de votre choix.

En cas de rejet de la CDAS, vous avez deux mois suivant la notification de la décision pour saisir la commission centrale d'aide sociale puis, en cas de nouveau rejet, deux mois pour saisir le Conseil d'État. Vous pouvez solliciter l'assistance d'un service d'accès au droit, d'une association ou d'un avocat. Il est recommandé d'être accompagné (droit n° 46, droit n° 48).

Bénéficier d'une aide à l'acquisition d'une complémentaire santé (ACS)

Si vous ne pouvez pas prétendre à la CMU-C mais que vos ressources sont faibles, une aide financière peut vous être accordée pour payer une complémentaire santé.

Quelles sont les conditions pour bénéficier de cette aide ?

Vous devez :

- être français ou en séjour régulier sur le territoire (muni d'un titre ou ayant déposé une demande de titre) ;
- résider de manière stable en France depuis au moins trois mois ;
- percevoir de faibles ressources, comprises entre le plafond de la CMU-C et un plafond fixé par décret qui dépend de la composition du foyer.

Cette aide est utilisable sur l'un des contrats de complémentaire santé sélectionnés.

Demandez-là auprès de votre CPAM.

⚠ Le fonctionnement du dispositif évolue au 1er juillet 2015.

À quoi donne droit l'ACS ?

Une aide financière qui varie en fonction de votre âge, de 100 € à 550 €. Elle est attribuée pour chaque membre de votre famille et délivrée sous la forme de chèque santé à faire valoir auprès de votre organisme de protection complémentaire santé.

Pour vous renseigner, consultez :
- le site internet dédié au dispositif et à sa réforme ;
- le comparateur des offres sur le site dédié ;
- une plateforme téléphonique accessible au n° 0811 365 364 du lundi au vendredi de 8 heures à 17 heures (coût d'un appel local sauf surcoût imposé par certains opérateurs).

Que faire en cas de refus ?

Vos recours sont les mêmes que ceux précédemment mentionnés pour le refus de CMU-C.

Ressources utiles

Sur la couverture maladie en général :
www.ameli.fr

Sur les organismes complémentaires auprès desquels vous pouvez avoir la CMU-C :
www.cmu.fr

Sur l'ACS :
www.info-acs.fr

34. Bénéficier de l'aide médicale d'État (AME)

Code de l'action sociale
et des familles, article L. 251-1

« Tout étranger résidant en France de manière ininterrompue depuis plus de trois mois, sans remplir la condition de régularité (du séjour) et dont les ressources ne dépassent pas le plafond [...] a droit, pour lui-même et les personnes à sa charge [...] à l'aide médicale de l'État ».

L'AME garantit un accès à la prévention et aux soins aux personnes en situation irrégulière, et qui n'ont pas droit à l'assurance maladie.

Quelles sont les conditions pour bénéficier de l'AME ?

Vous devez :

- résider en France depuis plus de trois mois : la preuve se fait par tout moyen (facture d'électricité, quittance de loyer, facture d'hôtel...) ; votre présence sur le territoire pendant la durée de validité de votre visa compte ;

⚠ Si vous êtes étranger, gardé à vue, placé en centre de rétention administrative ou mineur, vous bénéficiez de l'AME, que vous résidiez ou non en France depuis plus de trois mois.

⚠ Si vous êtes incarcéré, en séjour irrégulier, vous êtes affilié obligatoirement au régime général de la sécurité sociale (mais non vos ayants droit).

⚠ La résidence renvoie à la volonté d'installation sur le territoire français (y avoir son foyer, son lieu de vie principal) : si vous êtes de passage en France, ou venu pour vous faire soigner, vous n'aurez pas droit à l'AME.

- ne pas avoir de titre de séjour (si vous attendez une réponse à une demande de titre de séjour, vous avez droit à la CMU) ;
- justifier de votre identité et de celle des personnes à votre charge (passeport, carte nationale d'identité…) ;
- avoir des ressources inférieures à un plafond identique à celui de la CMU-C.

⚠ L'AME ne s'applique pas à Mayotte.

Toutes les ressources de votre foyer perçues au cours des douze mois précédant votre demande d'AME sont prises en compte (sauf celles de votre conjoint s'il a droit à l'assurance maladie). Elles peuvent être justifiées par tout moyen.

Si vous êtes sans domicile fixe, vous devez vous faire domicilier (droit n° 2).

Comment l'obtenir ?

Remplissez et adressez le formulaire « Aide médicale d'État – demande d'admission » auprès de la caisse primaire d'assurance maladie (CPAM) de votre domicile et joignez l'ensemble des justificatifs exigés.

➤ Demandez une aide à la constitution de votre demande auprès des services sociaux de la commune, des associations ou organismes agréés par le préfet du département ou de l'établissement de santé dont vous dépendez. L'organisme saisi devra envoyer votre demande à la CPAM dans les huit jours.

➤ En cas de nécessité de soins urgents, joignez à votre demande un certificat médical attestant cette urgence afin que votre demande soit traitée plus rapidement.

⚠ Les délais d'instruction sont variables : de deux à plus de six mois. S'ils sont manifestement trop longs, adressez au directeur de votre CPAM une réclamation. Si rien n'est fait, saisissez ensuite le conciliateur de votre CPAM ou le Défenseur des droits (droit n° 47).

Si la CPAM ne vous répond pas dans les deux mois suivant le dépôt de votre demande, ce silence vaut refus.

Que faire si votre demande est rejetée ?

Vous pouvez adresser dans les deux mois suivant la notification du refus :
- un recours gracieux auprès du directeur de la CPAM et/ou ;
- un recours contentieux auprès de la commission départementale d'aide sociale.

Joignez la copie de la décision attaquée. Il est recommandé de se faire aider par un avocat, un dispositif d'accès au droit ou une association spécialisée (droit n° 46, droit n° 48).

Quels sont les frais de santé couverts par l'AME ?

Vos droits sont ouverts un an à partir de la date de dépôt de votre demande, puis renouvelables. Une carte d'admission à l'AME vous est remise.

Les prestations couvertes sont les mêmes que pour les assurés sociaux, hors procréation médicalement assistée, frais d'hébergement et de traitement des enfants et adolescents handicapés…

Vous bénéficiez d'une prise en charge de 100 % du tarif de sécurité sociale, vous n'avez aucune avance de frais à faire dès lors qu'il n'y a pas de dépassement d'honoraire ni dépassement du tarif de sécurité sociale : ceci vaut pour tous les soins médicaux, les hospitalisations, les vaccinations, les transports sanitaires, la contraception ou l'interruption volontaire de grossesse.

Bénéficier d'une prise en charge des soins urgents en cas d'absence de protection sociale

Si vous êtes étranger, en situation irrégulière, que vous ne bénéficiez pas de l'AME, une prise en charge des soins urgents et des traitements liés, sans avance de frais, peut être assurée par l'assurance maladie quand :

- votre vie est en jeu ou votre état de santé ou celui de votre enfant à naître risque d'être gravement altéré en cas de défaut de soins ;
- il est nécessaire de prévenir un risque de contagion à l'entourage ou collectivité ;
- vous êtes enceinte ou les soins sont destinés à votre nouveau-né ;
- il s'agit d'une interruption de grossesse ou de soins délivrés aux mineurs.

35. Accéder aux soins

Code de la santé publique, article L. 1110-1

« Le droit fondamental à la protection de la santé doit être mis en œuvre par tous moyens disponibles au bénéfice de toute personne ».

Chacun a le droit de se faire soigner et d'être pris en charge de manière adaptée.

Les lieux de soins de prévention et de premiers recours

- **Les centres de santé**

C'est un lieu ressource de proximité, ouvert à tous. Il permet de bénéficier de soins courants, infirmiers (sur place ou à domicile), dentaires, de kinésithérapie, de prise en charge et de suivi en matière d'addictologie et de réduction des risques. Vous pouvez y faire des analyses, radio, échographies, dépistages…

Où s'adresser ?

Sollicitez les services de votre mairie, votre caisse d'assurance maladie : composez le 36 46 (prix d'un appel local depuis un poste fixe) ou consultez leur site.

• La protection maternelle et infantile (PMI)

La **PMI** est un service gratuit tourné vers les parents ou futurs parents (notamment vers les femmes enceintes et jeunes mamans démunies) et les enfants de moins de 6 ans.

Votre enfant peut y être suivi, vacciné, faire l'objet de mesures de dépistage des handicaps si besoin. Un accompagnement psychologique et des conseils sont proposés.

➤ Si vous rencontrez des difficultés sociales et financières, si vous subissez des violences conjugales, les professionnels de santé de la PMI sauront vous soutenir et vous orienter.

⚠ Le médecin de PMI ne peut pas prescrire de médicaments. Le personnel (infirmier, puériculteur…) peut se déplacer à domicile si besoin.

Où s'adresser ?

Rapprochez-vous des services sociaux de votre conseil départemental, de votre caisse primaire d'assurance maladie (CPAM).

• Les permanences d'accès aux soins de santé (PASS)

Les **PASS** sont des services organisés au sein des hôpitaux, adaptés aux personnes en situation de précarité, visant à faciliter l'accès au système de santé et l'ouverture de leurs droits. Vous avez accès à des consultations médicales, soins infirmiers, médicaments et à une protection sociale. L'accès à un interprète doit pouvoir vous être assuré.

Il existe également des permanences d'accès aux soins spécialisées telles que les **PASS pédiatrie, ou PASS-psychiatrie (PASS-psy)**. Elles sont intégrées à des établissements publics de psychiatrie et favorisent la prévention et l'accès aux soins si vous êtes en situation de précarité.

➤ Des consultations juridiques d'accès au droit sont parfois organisées au sein de permanences d'accès aux soins de santé. Renseignez-vous auprès du travailleur social de la PASS.

Où les trouver ?

Sollicitez l'accueil de l'hôpital proche de chez vous, votre agence régionale de santé ou votre centre communal d'action sociale.

- **Les lieux de soins urgents**

Les urgences des hôpitaux accueillent 24 heures/24, 7 jours/7, toute personne confrontée à un problème de santé nécessitant une intervention rapide. Vous êtes orienté vers le service spécialisé en fonction de votre problème.

Vous trouvez des services d'urgences spécialisées au sein des hôpitaux, telles que les urgences obstétriques pour les femmes, les urgences pédiatriques, les urgences ophtalmologiques ou encore les urgences psychiatriques ou les centres d'accueil et de crise (permanences téléphoniques assurées).

Comment accéder à ces services ?

Composez ou faites composer les numéros gratuits suivants :

- **le Samu (service d'aide médicale d'urgence)** : **15**
- **les pompiers** : **18**

- Des **dispositifs de médiation sanitaire** vont à la rencontre des personnes. Si vous êtes sans domicile, les professionnels ou bénévoles du Samu social et/ou de la Croix-Rouge ou encore les équipes mobiles psychiatrie-précarité (EMPP) peuvent, avec votre accord, entrer en contact avec vous et vous orienter vers un service de soins ou de prise en charge adapté si votre état de santé le nécessite.
- Tous les cinq ans, vous pouvez bénéficier gratuitement d'un **bilan de santé complet** : examen dentaire, médical, ORL, prise de sang… Ces bilans sont également proposés à votre enfant selon son âge. Inscrivez-vous auprès de votre CPAM.

Que faire face à un refus de soins ?

Aucun professionnel de santé ne peut refuser de vous donner rendez-vous ou de vous recevoir en consultation au motif que vous bénéficiez de la CMU-C, de l'ACS ou de l'AME. Il ne peut vous refuser la dispense de l'avance de frais ni vous délivrer des soins de mauvaise qualité.

Si vous estimez être victime d'un tel agissement, vous pouvez saisir :
- le conciliateur de votre CPAM, sans délai ni démarche préalable obligatoire, par courrier recommandé avec accusé réception ;

- le président de l'ordre professionnel concerné (des médecins, des dentistes, des pharmaciens...).

Cette saisie vaut plainte et une conciliation doit être tentée dans les trois mois à compter de la réception de votre courrier. En cas d'échec, il appartient à la juridiction de l'ordre professionnel concerné de se prononcer. Si celle-ci n'intervient pas dans un nouveau délai de trois mois, le directeur de l'assurance maladie peut prononcer une sanction à l'encontre du professionnel de santé.

Vous pouvez également saisir le Défenseur des droits (droit n° 47).

Les soins en prison

Dès lors que votre état de santé l'exige, vous devez être pris en charge par l'hôpital le plus proche. Des établissements pénitentiaires disposent d'une unité de consultations et de soins ambulatoires (UCSA) ou, pour tout problème d'ordre psychique ou psychiatrique, d'un service médico-psychologique régional (SMPR). Rapprochez-vous d'un conseiller pénitentiaire d'insertion et de probation afin d'obtenir toutes les informations utiles (horaires de consultation des médecins/infirmiers) et être orienté vers ces structures.

Ressources utiles

Trouver votre centre de santé :
www.lescentresdesante.com

Le site de la sécurité sociale :
www.ameli.fr

Trouver une PMI :
allopmi.fr

Trouver un médecin de ville près de chez vous :
www.ameli-direct.ameli.fr

36. Accéder à la contraception

Code de santé publique,
article L. 2311-4

« Les centres de planification ou d'éducation familiale sont autorisés à délivrer, à titre gratuit, des médicaments, produits ou objets contraceptifs, aux mineurs désirant garder le secret ainsi qu'aux personnes ne bénéficiant pas de prestations maladie, assurées par un régime légal ou réglementaire. [...] ».

Toute femme, majeure ou mineure, a le droit de choisir d'avoir des enfants ou non et d'accéder à un moyen de contraception adapté.

Où se renseigner ?

Les méthodes de contraception sont variées (pilule, stérilet, anneau contraceptif, patch...).

Pour être informée, consultez : un « centre de planification ou d'éducation familiale » (ou planning familial), un médecin, un gynécologue, un centre protection maternelle et infantile (PMI), un centre de santé, un infirmier scolaire ou une sage-femme.

Le planning familial est une structure dédiée à l'écoute, à l'information et à l'accompagnement des femmes en matière d'éducation à la sexualité et de contraception. Il assure l'accompagnement des femmes victimes de violences sexistes ou sexuelles. Vous pouvez accéder sur place à une consultation et des examens médicaux (ils sont gratuits, de même que le moyen de contraception si vous êtes mineure).

Des permanences téléphoniques régionales ont aussi été mises en place pour faciliter l'accès à l'information et vous fournir tous les contacts utiles : www.sante.gouv.fr/ivg.

Comment accéder à un moyen de contraception ?

L'ordonnance médicale d'un médecin généraliste ou gynécologue est nécessaire, mais :

- si vous êtes mineure, âgée d'au moins 15 ans, vous pouvez vous faire prescrire et délivrer de manière anonyme, sans l'accord de vos parents, gratuitement et avec dispense totale d'avance de frais, un moyen de contraception (cela n'apparaîtra pas sur le relevé de remboursement de l'assurance maladie). Vous pouvez également y accéder gratuitement auprès d'un centre de planning familial ;
- si vous n'avez pas de protection sociale, vous pouvez l'obtenir auprès du planning familial proche de chez vous.

Qu'est-ce que la contraception d'urgence ?

En cas de rapport sexuel non ou mal protégé ou imposé (viol) la contraception d'urgence (« pilule du lendemain », stérilet en cuivre d'urgence…) est un moyen d'éviter tout risque de grossesse non désirée. Adressez-vous rapidement à un pharmacien, un médecin ou au centre de planning familial. Les pharmaciens ne peuvent vous refuser sa délivrance. Elle est gratuite pour les mineures (sur simple déclaration orale).

À titre exceptionnel, cette contraception peut être fournie par l'infirmier scolaire.

Ressources utiles

S'informer sur la contraception :
www.choisirsacontraception.fr
www.planning-familial.org.

Fil santé jeunes :
0 800 235 236 (appel gratuit, tous les jours de 9 heures à 23 heures)

Accéder aux permanences régionales téléphoniques :
www.sante.gouv.fr/ivg

37. Exercer le droit à l'interruption volontaire de grossesse (IVG)

Code de la santé publique, article L. 2212-1

« La femme enceinte qui ne veut pas poursuivre une grossesse peut demander à un médecin l'interruption de sa grossesse. Cette interruption ne peut être pratiquée qu'avant la fin de la douzième semaine de grossesse ».

Toute femme enceinte, mineure ou majeure, peut faire interrompre sa grossesse jusqu'à 12 semaines de grossesse. Vous pouvez prendre la décision d'avorter seule, sans avoir besoin de l'accord de votre conjoint.

Où aller pour être écoutée et accompagnée ?

Consultez un « planning familial », où des professionnels sauront vous écouter, vous soutenir et vous orienter dans cette démarche. Vous pouvez aussi aller dans un centre de santé, un établissement de santé privé ou public ou encore consulter un médecin de ville (droit n° 35).

Accédez à une écoute et une information complète auprès de la permanence téléphonique de votre région : www.sante.gouv.fr/ivg.

⚠ Si le médecin que vous consultez refuse de pratiquer l'IVG, il doit vous en informer immédiatement et vous orienter vers des confrères assurant cette intervention.

Quelles sont les étapes à suivre ?

Le médecin qui peut pratiquer l'IVG doit :
- vous informer sur les méthodes existantes, les risques et les effets secondaires ;
- vous remettre un dossier-guide comportant vos droits à l'IVG ainsi que la liste et les adresses des lieux où sont pratiquées ces interventions ;
- vous proposer une consultation psychosociale avant et après l'IVG ;

⚠ Cette consultation est obligatoire pour les mineures.

- obtenir votre accord par écrit.

Seul un médecin peut procéder à une IVG.

Si vous êtes mineure, le consentement de votre représentant légal est recueilli. Vous avez cependant le droit de garder le secret : vous devez dans ce cas être accompagnée par un adulte de votre choix lors de l'intervention.

Qui prend en charge le coût de l'IVG ?

Il est pris en charge à 100 % par l'assurance maladie dans le cadre d'un forfait. Vous êtes dispensée de toute avance de frais si vous êtes :
- mineure et désireuse de conserver le secret ;
- bénéficiaire de la couverture universelle maladie complémentaire ;
- bénéficiaire de l'aide médicale d'État.

Ressources utiles

S'informer et localiser les contacts utiles :
www.sante.gouv.fr/ivg
www.planning-familial.org

MOBILITÉ, SERVICES ET GESTION FINANCIÈRE

38. Accéder aux transports et pouvoir circuler
39. Accéder aux nécessités de la vie courante : eau, énergie, chauffage et alimentation
40. Ouvrir un compte bancaire
41. Accéder au crédit
42. Régler ses dettes et faire face à une situation de surendettement

➤ Se déplacer est essentiel à l'insertion professionnelle et sociale. Le budget est à la fois une source de contraintes et un outil d'autonomie : il est utile de savoir comment ouvrir et disposer d'un compte bancaire, choisir ou non de prendre un crédit, gérer ses éventuelles dettes et savoir que faire en cas de difficulté.

38. Accéder aux transports et pouvoir circuler

Les aides à la mobilité pour utiliser les transports en commun

- **Des tarifs solidaires proposés par la SNCF**

En fonction de votre situation personnelle, familiale ou financière, la SNCF propose des tarifs et des offres solidaires en partenariat avec des institutions (Pôle emploi, missions locales, permanences accueil information orientation (PAIO)...) et des collectivités (État, régions, départements, villes).

- **Des aides pour les personnes en recherche d'emploi ou en insertion professionnelle**

Des aides financières sont proposées par votre agence Pôle emploi, votre mission locale ou PIAO dans le cadre de l'aide à la mobilité lorsque l'entretien d'embauche, la formation suivie, le concours public ou l'emploi repris répond à certaines conditions et qu'il est situé à plus de 60 km ou de 2 heures de trajet aller-retour de votre domicile. Avec votre convocation pour l'entretien d'embauche, vous obtenez un bon à échanger contre un billet de train et/ou de car.

- **Des aides pour les personnes et ménages à faibles ressources**

Certaines régions proposent des réductions, selon vos ressources, allant jusqu'à 90 % pour voyager en TER. Renseignez-vous auprès des agents SNCF de la gare de votre domicile.

- **Des réductions pour les familles nombreuses**

La carte famille nombreuse, sans conditions de ressources, permet de bénéficier de réductions sur les trajets en train si vous avez au moins trois enfants mineurs à charge. La carte, valable trois ans, coûte 19 € pour la famille. Les taux de réduction (de -30 % à -75 % du prix initial) s'appliquent à chacun.

- **Des aides accordées par les collectivités**

Renseignez-vous auprès de votre mairie ou du centre communal ou intercommunal d'action sociale (CCAS) pour connaître les aides auxquelles vous auriez droit.

Financer le permis de conduire

- **Le permis de conduire à 1 € par jour**

Ce crédit à taux 0 s'adresse aux jeunes de 15 à 25 ans, pour le financement du permis de conduire. Il n'est attribué qu'une seule fois à un même bénéficiaire se présentant aux catégories A ou B du permis de conduire.

Quelles sont les démarches à accomplir ?

Choisissez une auto-école partenaire de l'opération (la liste est consultable sur le site de la sécurité routière) qui établit un devis et vous fait signer le contrat de formation.

Présentez votre demande à une banque ou un établissement de crédit également partenaire qui étudie le dossier et décide de vous accorder ou non le crédit. Si vous êtes mineur (pour la formation à la conduite accompagnée), ce sont vos parents qui doivent emprunter.

Une fois accordé, et après le délai habituel de rétractation (droit n° 41), le montant du prêt est versé à l'école de conduite.

Le remboursement se fait par mensualités d'un montant maximum de 30 €. Le montant du prêt est variable.

- **Aide au permis de conduire pour les demandeurs d'emploi**

Demandeur d'emploi, sous certaines conditions d'indemnisation et au moins six mois d'inscription à Pôle emploi, vous pouvez demander cette aide à votre conseiller avant l'inscription à l'auto-école. Le montant peut aller jusqu'à 1 200 €.

Si vous justifiez d'une promesse d'embauche d'au moins trois mois nécessitant le permis de conduire, il peut être dérogé à la condition d'inscription.

⚠ L'aide n'est pas automatique. L'absence de permis de conduire doit constituer un frein à l'embauche, constaté par votre conseiller Pôle emploi.

Ressources utiles

Site de la sécurité routière :
www.securite-routiere.gouv.fr

Service en ligne Telepoint :
www.telepoints.info

39. Accéder aux nécessités de la vie courante : eau, énergie, chauffage et alimentation

Accéder à l'aide alimentaire

Code rural et de la pêche maritime, article L. 230-6

« L'aide alimentaire a pour objet la fourniture de denrées alimentaires aux personnes les plus démunies. Cette aide est apportée tant par l'Union européenne que par l'État ou toute autre personne morale ».

Elle est attribuée aux personnes rencontrant des difficultés financières. Elle a pour objet de :
- vous apporter une alimentation si vous n'avez pas de revenus suffisants pour vous nourrir ;
- vous accompagner dans la gestion de votre budget ou votre consommation ;
- éviter le gaspillage alimentaire.

Renseignez-vous auprès d'un travailleur social, de votre mairie ou CCAS pour connaître les conditions d'accès et les dispositifs existants près de chez vous.

Les aides alimentaires en nature

- **Les épiceries sociales ou solidaires**

Dans l'épicerie sociale, vous trouvez différentes denrées de consommation (fruits, légumes, viandes, produits secs, produits laitiers...), à un prix très réduit.

Adressez-vous à un travailleur social qui constituera un dossier de demande d'aide alimentaire.

En cas d'accord, vous obtenez une carte d'accès à l'épicerie sociale la plus proche de votre domicile, valable pour une durée de trois à six mois renouvelable.

- **Les colis alimentaires**

Certaines associations et collectivités distribuent des colis alimentaires. En fonction de la ville où vous résidez, vous devez au préalable vous inscrire et/ou justifier de vos ressources.

Les aides alimentaires financières

- **Aides à la restauration scolaire**

Si vos enfants sont à l'*école primaire* : possible prise en charge partielle ou totale par la mairie ou le CCAS.

Si vos enfants sont au *collège* ou au *lycée* : possible prise en charge par un fonds social pour les cantines.

Si votre enfant est scolarisé dans un *établissement régional d'enseignement* adapté : possibilité d'exonération de frais de demi-pension.

Sollicitez l'aide du travailleur social auprès de chacun de ces organismes.

- **Les autres aides financières**

En fonction de la ville dans laquelle vous résidez, les mairies, CCAS ou associations peuvent distribuer différentes aides financières prenant la forme de :
- bons alimentaires ;
- chèques d'accompagnement personnalisé ;
- aides en espèces ;
- bons d'accès à des restaurants sociaux ou solidaires.

Ressources utiles

Listes des associations et structures habilitées à pour l'aide alimentaire :
http://agriculture.gouv.fr/aide-alimentaire-listes-structures-habilitees

Maîtriser ses dépenses d'eau et d'énergie

Le tarif de première nécessité pour l'électricité et le tarif social de solidarité pour la fourniture de gaz

Qui peut en bénéficier ?

Il s'adresse aux :
- personnes bénéficiaires de la couverture maladie universelle complémentaire ;
- personnes éligibles à l'aide au paiement d'une complémentaire santé ;
- foyers dont le revenu fiscal de référence ne dépasse pas un certain montant.

Comment en bénéficier ?

Aucune démarche n'est à accomplir en principe : le tarif social est attribué automatiquement dès lors que l'administration fiscale ou les organismes d'assurance maladie ont communiqué vos coordonnées aux fournisseurs de gaz et d'électricité.

Vous pouvez aussi bénéficier de ce tarif si vous avez un chauffage au gaz collectif.

Que faire lorsque la consommation excessive est due à l'état dégradé du logement ?

Demandez à votre bailleur de réaliser les travaux (droit n° 14). Si vous êtes propriétaire occupant, demandez des aides pour rénover votre logement (crédit d'impôt, aide financière de l'Agence nationale de l'habitat...).

Se prémunir des coupures ou réductions d'eau ou d'énergie

Code de l'action sociale et des familles, article L. 115-3

« En cas de non-paiement des factures, la fourniture d'énergie, d'eau [...] est maintenue jusqu'à ce qu'il ait été statué sur la demande d'aide [...] ».

Que faire en cas d'impayé de facture ?

Contactez, au plus tôt, l'organisme à qui vous devez payer votre facture pour négocier des délais de paiement. Il est conseillé de formaliser cet accord par écrit.

En particulier, pour EDF et ENGIE, contactez les numéros verts solidarité (gratuits depuis un téléphone fixe) réservés aux clients en situation d'urgence et de précarité énergétique :
- EDF : 0 800 65 03 09
- ENGIE : 0 800 106 168

Adressez-vous au fonds de solidarité pour le logement (FSL) de votre département pour une aide pour le paiement de vos factures. Les critères d'octroi varient selon les territoires.

Pour toute aide dans vos démarches, vous pouvez vous adresser à :
- un travailleur social de la CAF, du CCAS, du département ;
- un point information médiation multi-services (PIMMS) s'il en existe un dans votre ville.

➤ Faites un point budgétaire global avec un travailleur social ou une association pour identifier des solutions autour de votre budget et éviter les impayés à l'avenir.

Ressources utiles

Contactez le médiateur de EDF et ENGIE lorsque vos premières démarches auprès de leurs services (client, commercial) ont échoué, en ligne ou aux adresses suivantes :

Médiateur EDF
TSA 50026
75804 Paris cedex 08

Médiateur ENGIE
TSA 34321
92099 La Défense cedex

Dans quelle mesure peut-on vous couper ou réduire l'eau ou l'énergie ?

Les factures d'énergie et d'eau doivent être réglées dans un délai de quatorze jours suivant leur émission ou date limite de paiement.

À défaut, votre fournisseur vous informe par un premier courrier qu'en cas de non-paiement dans un délai supplémentaire de quinze jours, votre fourniture pourra être réduite ou suspendue.

Si vous bénéficiez d'un tarif social électricité, gaz ou d'une aide pour l'eau, ou avez déjà bénéficié d'une aide du FSL, le délai est rallongé à trente jours.

À la fin de ce délai, votre fournisseur vous informe de la coupure par un second courrier au moins vingt jours à l'avance.

La saisine du FSL suspend la procédure d'impayé et donc la coupure.

⚠ Si aucune décision vous accordant une aide n'est prise dans un délai de deux mois et que votre fournisseur vous a envoyé un troisième courrier, il peut procéder à la coupure ou réduction au minimum vingt jours plus tard.

⚠ Aucune coupure d'eau ne peut être effectuée par votre fournisseur, même en cas d'impayés de facture. Le débit sera réduit. Pendant la trêve hivernale, du 1er novembre au 31 mars, l'électricité et le gaz sont maintenus. Les fournisseurs d'électricité peuvent toutefois procéder à une réduction de puissance d'électricité, sauf si vous bénéficiez d'un tarif social électricité.

Ressources utiles

numéro vert solidarité (gratuit) :
EDF : 0 800 65 03 09 / ENGIE : 0 800 106 168
PIMMS : www.pimms.org

40. Ouvrir un compte bancaire

Code monétaire et financier, article L. 312-1
« Toute personne physique ou morale domiciliée en France, dépourvue d'un compte de dépôt, a droit à l'ouverture d'un tel compte dans l'établissement de crédit de son choix ».

Accéder à un compte bancaire : le droit au compte

Toute personne majeure a le droit de demander l'ouverture d'un compte bancaire. Pour cela, vous devez fournir une pièce d'identité et un justificatif de domicile. La possession d'un titre de séjour n'est absolument pas requise.

➤ Si vous êtes sans domicile, faites-vous préalablement domicilier (droit n° 2).

Que faire si la banque refuse de vous ouvrir un compte ?

La banque peut refuser l'ouverture d'un compte sans avoir à en justifier le motif. En cas de refus, et si vous n'avez pas de compte bancaire dans une autre banque, le banquier doit obligatoirement vous remettre ou vous envoyer un courrier informant de ce refus.

Vous pouvez alors vous adresser à la Banque de France (BdF) en fournissant :
- un courrier introductif ;
- un formulaire de demande d'intervention disponible en ligne sur le site de la BdF ;
- une pièce d'identité ;
- un justificatif de domicile ou attestation de domiciliation ;
- l'original de la lettre de refus d'ouverture de compte délivrée par la banque.

Celle-ci désigne ensuite la banque chargée d'ouvrir un compte à votre nom.

⚠ Ce compte, totalement gratuit, vous donne accès au service bancaire de base, qui permet, entre autres, d'avoir une carte de paiement à autorisation systématique, la domiciliation de virements bancaires, les paiements par prélèvement, titre interbancaire de paiement (TIP) ou virement bancaire, des moyens de consultation à distance du solde du compte. Il n'y a pas de droit au chéquier.

La banque peut-elle clôturer votre compte ?

La banque peut décider de clôturer votre compte, par exemple s'il est trop souvent à découvert. Cette décision doit vous être notifiée par écrit et être motivée, en respectant un délai de préavis de deux mois.

Pendant ce délai, vous devez prendre vos dispositions, en particulier transférer vos prélèvements automatiques sur un autre compte.

En cas de conflit avec votre banque, saisissez le médiateur bancaire. Ses coordonnées figurent sur votre relevé de compte ou peuvent vous être communiquées par la Banque de France. Une fois saisi, il a deux mois pour rendre un avis, qui n'engage pas les parties.

➤ La procédure de droit au compte peut être renouvelée autant de fois que nécessaire.

Les droits en cas de rejet de chèque

Lorsque vous faites un chèque à une personne, celle-ci dispose d'un an et huit jours pour le déposer à sa banque. Au moment où elle le dépose, si vous n'avez pas assez d'argent sur votre compte pour le payer, votre banque peut rejeter votre chèque, en totalité ou partiellement.

⚠ Le chèque peut être encaissé plus tôt ou plus tard que la date que vous avez indiquée. Un chèque antidaté peut être encaissé immédiatement.

Que doit faire la banque en cas de rejet de chèque ?

Avant le rejet de chèque, elle doit vous informer de ce risque pour vous permettre de régulariser la situation.

Quand votre chèque vient d'être rejeté, elle vous en informe par lettre recommandée avec accusé de réception.

Quels sont les risques en cas de rejet de chèque ?

Votre banque prélève des frais de rejet pour chaque chèque rejeté.

Vous êtes interdit bancaire si vous ne régularisez pas la situation rapidement.

⚠ Un chèque ne peut pas être présenté plus de 2 fois à l'encaissement lorsque vous êtes à découvert.

Qu'est-ce que l'interdiction bancaire ?

C'est l'interdiction de faire des chèques. Elle commence le jour où la banque vous adresse le premier courrier en recommandé (lettre d'injonction) indiquant que vous n'avez plus le droit de faire des chèques et que vous devez rendre tous vos chèques non utilisés.

Vous conservez le droit d'avoir un compte bancaire.

L'interdiction dure au maximum cinq ans au cours desquels vous êtes inscrit au fichier central des chèques (FCC) dont les données sont accessibles par l'ensemble des autres banques.

La consultation du FCC peut être obtenue par courrier en faisant parvenir à la Banque de France une copie de votre pièce d'identité, la réponse sera envoyée à l'adresse qui y figure.

⚠ L'interdiction bancaire s'applique à tous vos comptes.

Que peut-on faire pour ne plus être interdit bancaire ?

L'interdiction cesse dès lors que tous les incidents de paiement ont été régularisés.

Ressources utiles

S'informer sur le fonctionnement du compte bancaire, des crédits, etc. :
www.abe-infoservice.fr

41. Accéder au crédit

Code de la consommation,
article L. 311-6, I

« Préalablement à la conclusion du contrat de crédit, le prêteur ou l'intermédiaire de crédit donne à l'emprunteur, par écrit ou sur un autre support durable, les informations nécessaires à la comparaison de différentes offres et permettant à l'emprunteur, compte tenu de ses préférences, d'appréhender clairement l'étendue de son engagement ».

Accéder au crédit à la consommation

Lorsque vous empruntez, la banque ou l'organisme de crédit doit vous informer sur le crédit et vous laisser un délai de réflexion.

Il n'y a pas de droit au crédit, l'organisme prêteur peut donc vous refuser un prêt sans avoir à justifier son refus.

Quels sont les types de crédits à la consommation ?

- le **prêt personnel** : prêt que vous utilisez librement et que vous remboursez selon un tableau d'amortissement (calendrier fixe et prédéfini) ;

– le **découvert bancaire** : votre compte est en négatif, c'est une forme de prêt que vous accorde votre banque ;

⚠ Un découvert peut vous coûter très cher (agios prélevés par votre banque). Votre compte doit avoir un solde positif au moins 24 heures dans le mois. S'il est à découvert de plus de 200 € depuis au moins quatre-vingt-dix jours consécutifs, le découvert est automatiquement requalifié en crédit à la consommation. Votre banque pourra toutefois avoir entrepris d'autres actions, comme la fermeture de votre compte.

– le **crédit renouvelable** (parfois appelé « *revolving* ») : réserve d'argent que vous pouvez utiliser jusqu'à un certain plafond et qui se reconstitue au fur et à mesure des remboursements ;

⚠ Pour un crédit conclu sur un lieu de vente ou lors d'une vente à distance, pour un montant supérieur à 1 000 euros, le vendeur a l'obligation de vous proposer le choix entre un crédit amortissable et un crédit renouvelable.

Vous remboursez généralement votre crédit renouvelable par mensualités mais vous avez également le droit de le rembourser en une seule fois sans pénalité. Tous les mois, vous devez recevoir un document qui indique notamment le montant de la mensualité et la date à laquelle vous devez payer, combien il vous reste à rembourser, combien vous pouvez encore utiliser et le taux du crédit.

Il est valable un an et se renouvelle tous les ans automatiquement si vous n'en demandez pas la fermeture. Si vous la demandez, vous devez rembourser le montant de la réserve d'argent déjà utilisé, aux conditions prévues.

- les ***crédits affectés***, la ***location avec option d'achat*** sont aussi des crédits à la consommation.

Quels sont vos droits lorsque vous souhaitez faire un crédit à la consommation ?

L'organisme prêteur doit vous remettre une offre préalable : document qui vous informe précisément sur les conditions du prêt proposé (type de crédit, taux d'intérêt, montant des mensualités, durée du crédit, coût global du crédit).

⚠ Pensez à bien conserver cette offre préalable ainsi que le contrat que vous signez.

Cette offre est valable quinze jours, vous disposez donc d'un délai de réflexion. Si cette règle n'est pas respectée, la banque ou l'organisme de crédit peut perdre ses droits aux intérêts en cas de passage devant le juge.

Peut-on annuler un crédit après la signature du contrat de prêt ?

Vous pouvez vous rétracter (renoncer au crédit) dans les quatorze jours qui suivent la signature du contrat de prêt.

Quels sont les risques si vous ne remboursez pas votre crédit ?

Vous encourrez d'abord des pénalités financières prévues dans le contrat du crédit.

Après deux mensualités impayées, l'organisme prêteur demande votre inscription au fichier des incidents de crédit (FICP) (pendant cinq ans maximum). Vous pouvez rembourser à tout moment les sommes que vous devez. L'établissement signale alors à la Banque de France la régularisation. Si cet incident est le seul motif de votre inscription au FICP, vous cessez d'y être inscrit.

La consultation du FICP se fait uniquement à la Banque de France, en personne et en présentant une pièce d'identité.

Si vous ne remboursez pas, le créancier peut obtenir une injonction de payer auprès du juge d'instance. Vous avez un mois pour faire opposition et une nouvelle audience a lieu en votre présence. Si vous ne faites pas opposition ou que le juge vous enjoint une nouvelle fois de payer la somme, l'huissier peut venir saisir votre compte bancaire ou vos meubles (droit n° 42).

Des alternatives au crédit

- **Accéder à un microcrédit personnel**

C'est un prêt bancaire, accordé à une personne physique n'ayant pas accès au « crédit bancaire classique », en particulier en raison de ses faibles ressources. Il permet de financer un projet d'insertion sociale ou professionnelle. La personne doit être en capacité de rembourser le crédit et peut être accompagnée tout au long de la réalisation du projet par une structure reconnue.

Où demander un microcrédit personnel ?

Vous trouvez les adresses des organismes compétents pour vous accompagner vers le microcrédit sur le site internet : www.france-microcredit.org, auprès de la délégation régionale de la caisse des dépôts, auprès d'un travailleur social ou d'un CCAS.

• **Bénéficier d'un prêt sur gage**

Il s'agit du prêt d'une somme d'argent en échange du dépôt d'un objet. Le montant du prêt est calculé en fonction de la valeur de l'objet déposé. Il est soumis à intérêt.

L'objet sert de garantie : si vous remboursez les sommes empruntées et les intérêts, l'objet vous est rendu. Sinon, l'objet est vendu. En cas de difficultés à rembourser le prêt, vous pouvez le prolonger d'un an si vous payez les intérêts. Après la vente de votre objet, vous n'avez plus rien à payer.

Où demander un prêt sur gage ?

Auprès d'un crédit municipal. Il n'y en a pas dans tous les départements.

Ressources utiles

Pour accéder au micro-crédit :
www.france-microcredit.org

Trouver l'adresse d'un crédit municipal :
www.pretsurgage.fr.

42. Régler ses dettes et faire face à une situation de surendettement

Les solutions en cas de difficultés à rembourser un crédit

⚠ Il faut payer en priorité vos charges courantes : loyer, électricité, gaz…

➤ Renseignez-vous auprès d'une structure d'accès au droit ou d'une association spécialisée pour chacune des démarches ci-dessous et identifier la solution qui vous correspond le mieux (droit n° 46).

• Recourir à l'assurance du crédit immobilier ou d'un autre crédit

Si vous avez souscrit un prêt immobilier, une assurance vous couvre pour certains risques. Vous pouvez aussi avoir souscrit une assurance pour d'autres crédits.

En fonction de votre situation et des garanties prévues par le contrat d'assurance, y recourir peut permettre d'éviter les pénalités et de prendre en charge tout ou partie des mensualités pendant une période définie (ou de les reporter à la fin du prêt).

• Négocier une solution avec la banque ou l'organisme de crédit

Contactez la banque ou l'organisme de crédit au plus tôt, notamment pour éviter des frais liés au non-remboursement du crédit et aux rejets de prélèvement automatique.

Vous pouvez demander une réduction des mensualités pour les prêts amortissables et la transformation de votre crédit renouvelable en prêt personnel.

Essayez aussi de renégocier le taux d'intérêt (attention aux frais de dossier liés).

Demandez toujours une confirmation écrite des accords obtenus par téléphone.

⚠ La diminution des mensualités allonge la durée du crédit et donc élève le coût global du crédit.

• Négocier une restructuration de dette (ou rachat de crédit)

Une banque ou un établissement de crédit peuvent racheter tous vos crédits. C'est intéressant si vous obtenez une seule mensualité adaptée à votre budget, éventuellement avec un taux d'intérêt plus bas.

⚠ Si votre situation s'aggrave après ce rachat, le créancier pourra contester la recevabilité de votre dossier de surendettement.

• Demander des délais de grâce au tribunal d'instance (TI)

Cette procédure permet de demander la suspension des obligations de remboursement pour une période maximale de deux ans, sans pénalité, auprès du TI de votre domicile, en expliquant pourquoi vous ne pouvez plus rembourser vos dettes.

⚠ Il faut faire une demande par écrit.

➤ Renseignez-vous directement auprès du TI de votre domicile ou auprès de structures d'accès au droit (droit n° 46).

⚠ Un délai de forclusion (au-delà duquel on ne peut plus faire valoir ses droits) peut être opposé à la banque ou à l'organisme de crédit qui ne vous aurait pas demandé le remboursement de la somme dans un délai de deux ans.

Faire face à une situation de surendettement

Tout personne physique, de bonne foi et n'arrivant pas à payer ses mensualités de crédit ou rembourser ses dettes peut déposer un dossier de surendettement auprès de la Banque de France (BdF). Si votre dossier est recevable, vous bénéficiez alors de la procédure de surendettement. Il n'y a pas de montant de dette minimum pour déposer un dossier.

⚠ Cette procédure ne concerne pas :
- les artisans, commerçants, professions libérales et indépendantes. Renseignez-vous auprès du TGI de votre domicile (greffe des procédures collectives) ;
- les dettes professionnelles, les dettes de pension alimentaire, les amendes.

Comment saisir la commission de surendettement ?

Retirez le dossier à compléter et déposez-le à la BdF de votre département. La commission de surendettement établit, dans les trois mois, sa recevabilité ou non.

➤ Pour compléter le dossier, faites-vous aider par un travailleur social ou une association spécialisée qui vous accompagnera pendant toute la procédure. Si votre dossier est déclaré irrecevable, recontactez ce professionnel afin d'identifier des solutions alternatives.

Peut-on contester la recevabilité ou l'irrecevabilité du dossier ?

Chaque partie (les créanciers et vous) peut contester la décision prise par la commission dans les quinze jours qui suivent sa notification, par lettre recommandée avec accusé de réception. Il appartient alors au juge du tribunal d'instance de trancher.

Si votre dossier est déclaré irrecevable, il est conseillé d'attendre minimum six mois avant de déposer un nouveau dossier et de mettre en place une gestion du budget rigoureuse prouvant votre bonne foi.

Que peut faire la commission ?

La commission peut négocier une solution amiable avec vos créanciers ou imposer par l'intermédiaire d'un juge une solution financière adaptée à votre situation.

Elle peut :
- adapter les mensualités en réduisant les taux d'intérêt ;
- suspendre les mensualités pendant deux ans au plus ;
- effacer partiellement ou totalement vos dettes si votre situation le justifie, notamment par

l'application de la procédure de rétablissement personnel (PRP) ;
- suspendre les poursuites de vos créanciers (huissiers).

Vous pouvez accepter le plan, qui vous engage, ou le refuser.

⚠ La PRP peut avoir pour conséquence la vente de vos biens, de votre logement.

Les cautions ne sont pas protégées par la procédure de surendettement et doivent donc rembourser les dettes pour lesquelles elles se sont porté caution.

Quelles sont les conséquences du recours à la commission de surendettement ?

Vous êtes inscrit au fichier des incidents de crédit aux particuliers (FICP) pendant la durée du plan ou pendant cinq ans en cas de PRP. Il vous est interdit de contracter de nouveaux crédits pendant cette même durée.

Est-il possible de déposer un second dossier de surendettement ?

Si vous avez des difficultés après une première procédure de surendettement ou que votre situation a changé en cours de procédure (perte d'emploi, divorce...), vous pouvez de nouveau déposer un dossier.

Faire face à une saisie sur salaire ou sur compte

Votre salaire ou l'argent que vous avez sur un compte peuvent être saisis lorsque vous ne remboursez pas une dette et que la personne ou l'organisme à qui vous devez de l'argent (votre créancier) engage une procédure contre vous.

Votre créancier doit avoir un document qui l'y autorise (jugement, procès-verbal de conciliation, acte notarié, avis à tiers détenteur du Trésor public...) et faire appel à un huissier de justice.

La procédure de saisie sur rémunération est obligatoirement précédée d'une phase de conciliation au cours de laquelle le juge tente de trouver une solution amiable avec votre créancier.

Votre employeur ou votre banquier sont tenus de respecter l'acte de saisie.

C'est à vous de payer les frais de la saisie.

Peut-on saisir l'ensemble de l'argent du compte bancaire ?

Non. La banque a l'obligation de vous laisser une somme d'argent pour faire face à vos dépenses alimentaires immédiates : le solde bancaire insaisissable (SBI). Au 1er janvier 2015, le montant du SBI est au minimum de 513,88 € et correspond aux sommes insaisissables (minima sociaux, prestations familiales…).

Vous pouvez en disposer, sur présentation de justificatifs de leur origine à votre banque dans les quinze jours qui suivent la saisie (les comptes étant bloqués pendant cette période).

Peut-on saisir l'ensemble de votre salaire ?

Non. Il existe un montant maximum mensuel saisissable défini en fonction de vos revenus nets mensuels sur les douze derniers mois. Vérifiez que le barème en vigueur est respecté sur le site vosdroits.service-public.fr.

Comment contester une saisie sur salaire ?

Adressez-vous au juge d'instance. Vous pouvez le saisir seul, par l'intermédiaire d'un huissier de justice, d'un avocat ou de tout autre mandataire muni d'une procuration.

⚠ Cette démarche peut occasionner des frais supplémentaires (avocat...). N'hésitez pas à vous rapprocher d'une structure d'accès au droit ou d'une association spécialisée (droit n° 46).

Comment contester une saisie abusive sur compte bancaire ?

S'il y a eu des erreurs lors de la procédure de saisie (non-respect de la procédure, saisie alors que vous aviez remboursé vos dettes, saisie de biens qui ne peuvent pas être saisis), vous pouvez vous adresser au juge de l'exécution.

Envoyez un courrier après vous être renseigné auprès du greffe du tribunal de grande instance de votre domicile, d'une structure d'accès au droit ou d'une association spécialisée (droit n° 46).

En cas de contestation, le paiement est différé jusqu'à ce que le juge rende sa décision.

⚠ La saisie doit être contestée dans un délai d'un mois devant le juge de l'exécution à compter de sa notification.

La protection en cas de saisie des biens ou du logement

Code des procédures civiles d'exécution, article L. 111-2

« Le créancier muni d'un titre exécutoire constatant une créance liquide et exigible peut en poursuivre l'exécution forcée sur les biens de son débiteur dans les conditions propres à chaque mesure d'exécution ».

Vos biens ou votre logement peuvent être saisis lorsque vous ne remboursez pas une dette et que la personne ou l'organisme auquel vous devez de l'argent a engagé une procédure à votre encontre.

Votre créancier doit avoir un document qui l'y autorise (jugement, procès-verbal de conciliation, acte notarié…) et faire appel à un huissier de justice. C'est à vous de payer les frais de la saisie.

Quels sont les biens qui ne peuvent pas être saisis ?

Les biens nécessaires à votre vie et votre travail ne peuvent être saisis (par ex. vêtements, table, machine à laver).

⚠ Ces biens en revanche peuvent être saisis par la personne qui vous les a vendus si vous n'avez pas fini de les payer. Seuls les biens nécessaires aux soins ou à la vie des personnes handicapées ne peuvent jamais être saisis.

Les biens qui sont chez vous mais qui ne vous appartiennent pas ne peuvent pas être saisis.

Quelles sont les conséquences d'une saisie ?

Vos biens sont vendus pour rembourser vos dettes.

Vous avez un mois pour essayer de les vendre vous-même. Vous devez informer l'huissier avant de vendre. Si vous n'arrivez pas à les vendre seul, vos biens seront vendus aux enchères.

Si c'est votre logement qui est saisi, vous pouvez essayer de le vendre seul seulement si le juge vous a autorisé à le faire et vous devez demander l'autorisation au juge avant de vendre.

Vos biens sont rendus aux personnes qui vous les ont vendus lorsque vous n'avez pas fini de les payer.

⚠ Une fois vos biens saisis, vous n'avez plus le droit de les déplacer.

Que faire en cas de saisie abusive ?

Les conditions et procédures de contestation sont les mêmes que pour la saisie sur salaire ou sur compte bancaire.

PARTICIPATION À LA VIE PUBLIQUE

43. S'inscrire sur les listes électorales et voter
44. Participer au débat public et à la prise de décision
45. S'engager, créer ou adhérer à une association, un syndicat ou un parti politique

➤ Chacun d'entre nous doit pouvoir s'informer, s'exprimer, partager ses idées. Cette participation à la vie publique se concrétise à travers le vote, le suivi voire l'implication dans le fonctionnement et les travaux des instances locales ou nationales ou encore la création ou l'adhésion à une association, une organisation syndicale ou un parti politique.

43. S'inscrire sur les listes électorales et voter

Pacte international
relatif aux droits civils et politiques,
article 25

« Tout citoyen a le droit et la possibilité, sans aucune des discriminations visées à l'article 2 et sans restrictions déraisonnables : a) De prendre part à la direction des affaires publiques, soit directement, soit par l'intermédiaire de représentants librement choisis ; b) De voter et d'être élu, au cours d'élections périodiques, honnêtes, au suffrage universel et égal et au scrutin secret, assurant l'expression libre de la volonté des électeurs ; c) D'accéder, dans des conditions générales d'égalité, aux fonctions publiques de son pays ».

Voter est un droit fondamental

Qui peut voter ?

Vous pouvez voter aux élections directes (municipales, départementales, régionales, législatives, présidentielle) :
- si vous êtes français, majeur (avez 18 ans accomplis le jour du vote) ;
- si vous jouissez de vos droits civils et politiques ;
- si vous êtes inscrit sur les listes électorales.

Les citoyens de pays membres de l'Union européenne (UE) peuvent voter aux élections municipales et européennes. Les ressortissants d'un pays non-membre de l'UE n'ont actuellement pas le droit de voter.

Où, quand et comment s'inscrire sur les listes électorales ?

L'inscription est automatique pour les jeunes de 18 ans qui ont effectué les formalités pour être recensé à l'âge de 16 ans. Sinon, inscrivez-vous sur les listes électorales auprès de votre mairie (sur place ou en ligne) avant la fin de l'année qui précède le scrutin.

Comment faire en cas de déménagement ou d'absence de logement stable ou fixe ?

En cas de déménagement, inscrivez-vous sur la liste de votre nouvelle commune en accomplissant les mêmes démarches (ou déclarez votre nouvelle adresse à la mairie si vous restez dans la même ville).

Si vous êtes hébergé chez un tiers, il vous faut une attestation de sa part (accompagnée de sa pièce d'identité) et un document prouvant votre lien avec la commune

Si vous êtes sans domicile fixe, vous devez fournir une attestation de domiciliation (droit n° 2).

Peut-on voter lorsque l'on est détenu ?

Vous pouvez voter si vous avez conservé vos droits civils et politiques. Si vous n'avez pas de domicile personnel, vous pouvez obtenir une domiciliation auprès de l'établissement pénitentiaire.

Vous devez soit :

- solliciter une permission de sortie auprès du juge d'application des peines, ou
- demander une procuration pour qu'une personne inscrite dans la même commune que vous vote en votre nom. Elle est à demander au greffe de l'établissement pénitentiaire.

Sollicitez l'aide d'un conseiller pénitentiaire d'insertion et de probation (CPIP).

Peut-on voter lorsque l'on est protégé ?

Sous curatelle, vous conservez normalement votre droit de vote. Sous tutelle, vous ne perdez pas nécessairement ce droit. Le juge des tutelles statue dessus lors de l'ouverture ou du renouvellement de la mesure sur avis médical.

Comment voter si l'on est en situation de handicap ?

Les bureaux de vote doivent être accessibles, quelle que soit votre situation de handicap. Vous pouvez aussi bénéficier de l'assistance d'une personne de votre choix, si besoin, pour voter avec vous. Contactez votre mairie avant le jour des élections pour vous assurer de l'accessibilité de votre bureau de vote.

Ressources utiles

Demander en ligne son inscription sur les listes électorales : www.service-public.fr

44. Participer au débat public et à la prise de décision

Chacun doit pouvoir prendre part au débat public et être informé, consulté et/ou participer à la prise de décision. C'est un principe de bonne administration et une exigence pour la démocratie.

Comment accéder à l'information ?

Les délibérations des organes politiques locaux comme nationaux et européens sont normalement publiques. Vous devez pouvoir assister, en prenant les dispositions nécessaires, à un conseil municipal ou départemental, à des débats parlementaires à l'Assemblée nationale et au Sénat (ou les suivre en direct en ligne). Vous pouvez aussi assister aux audiences des tribunaux, généralement publiques (sauf exceptions prévues par les textes et décidées par les magistrats). Vous pouvez enfin accéder à des documents administratifs.

Comment participer à la vie publique locale ?

Code général des collectivités territoriales, article L. 2141-1

« Le droit des habitants de la commune à être informés des affaires de celles-ci et à être consultés sur les décisions qui les concernent, indissociable de la libre administration des collectivités territoriales, est un principe essentiel de la démocratie locale [...] ».

Diverses instances existent au niveau local :

- les **conseils de quartier**, dont le rôle est consultatif (obligatoires dans les villes de plus de 80 000 habitants) ;
- les **conseils citoyens**, mis en place dans les quartiers prioritaires de la politique de la ville ;
- les **comités consultatifs**, mis en place ponctuellement sur toute question intéressant la vie de votre commune ;
- les **conseils consultatifs** des résidents étrangers, dans certaines communes ;
- au niveau régional, un **conseil consultatif régional des personnes accueillies ou accompagnées (CCRPA)** dont l'objectif est de favoriser la prise en compte de la parole des personnes en situation de pauvreté et d'exclusion sur les questions de politiques publiques.

Divers outils de consultation existent aussi : référendums locaux, consultation, enquêtes publiques...

➤ Renseignez-vous auprès de votre mairie ou toute autre collectivité territoriale sur les institutions et les opportunités qui existent pour vous informer et partager vos idées.

Comment participer au niveau national ?

Des **consultations citoyennes** sont organisées dans le cadre de travaux parlementaires sur le contenu même des propositions ou projets de loi ou sur des rapports thématiques. Vous pouvez généralement soumettre vos réactions ou propositions par courrier ou en ligne.

Vous pouvez également écrire (courrier ou en ligne) à des députés et sénateurs.

➤ Vos élus, locaux ou nationaux (députés, sénateurs) peuvent tenir des permanences qui offrent l'opportunité de les rencontrer directement, ou leurs adjoints.

Comment participer en tant que parent d'élève ?

- en participant à diverses réunions dans l'année scolaire (réunion de rentrée, rencontres parents-professeurs…) ;
- en votant et candidatant pour devenir représentant des parents d'élèves au conseil d'école (écoles maternelles ou élémentaires), au conseil d'administration (collèges et lycées) ;
- en adhérant à une association de parents d'élèves.

Comment participer en tant qu'usager d'un établissement ou d'un service social ou médico-social ?

Bénéficier, même gratuitement, d'un service ou d'une prise en charge comme usager ne vous empêche pas de vous exprimer sur la façon dont ce service est délivré, de proposer des améliorations, de soutenir des personnes accueillies comme vous qui pourraient rencontrer des difficultés. Des instances ou relais existent en ce sens.

Des conseils de vie sociale (CVS) doivent être mis en place dans les établissements ou services assurant un hébergement ou un accueil de jour continu ou une activité d'aide par le travail. Les usagers doivent y être représentés par des représentants élus. À défaut de CVS, d'autres modes de participation des usagers (consultations, enquêtes de satisfaction) doivent exister.

Dans les hôpitaux (publics ou privés), une commission des relations avec les usagers et de la qualité de la prise en charge (CRUQPC) associe des représentants des usagers au fonctionnement des établissements.

⚠ Ces espaces d'expression peuvent ne pas être en place ou ne pas être actifs. Ils sont néanmoins prévus par des textes légaux : vous pouvez vous mobiliser et exprimer la nécessité de les mettre en place en interpellant les responsables du service/de l'établissement.

Ressources utiles

S'informer sur les travaux parlementaires et gouvernementaux :
www.senat.fr
www.assemble-nationale.fr
www.gouvernement.fr

S'informer sur le débat public :
www.vie-publique.fr

S'informer sur les possibilités de participation à la vie scolaire :
www.education.gouv.fr

45. S'engager, créer ou adhérer à une association, un syndicat ou un parti politique

Qui peut créer ou adhérer à une association ?

Chacun peut le faire librement, sans contrôle préalable de l'administration, ou y contribuer bénévolement. Elle peut être créée dès lors que vous êtes deux personnes (ou plus) et partagez un projet et/ou un engagement. La liberté d'association implique aussi le droit de ne pas ou de ne plus adhérer à une association.

Son enregistrement n'est pas obligatoire. La déclarer en préfecture (possible en ligne) lui permet néanmoins d'acquérir une personnalité juridique, indispensable pour ouvrir un compte bancaire, recevoir des dons, cotisations, subventions…

Et un syndicat ?

Il défend des intérêts professionnels communs. Vous pouvez librement créer un syndicat ou adhérer au syndicat de votre choix si vous êtes salarié/employé. Aucune restriction n'existe à cette adhésion mais des conditions peuvent exister suivant les syndicats (tel le règlement d'une cotisation). Adhérer à un syndicat vous permet d'être informé, de défendre des points de vue sur l'organisation du travail, de bénéficier de conseils et/ou d'une assistance, notamment juridique.

Et un parti politique ?

Un parti politique défend et promeut des idées politiques et leur mise en œuvre. Les partis et groupements politiques sont des associations à caractère politique qui se forment et exercent leur activité librement. Ils ont la personnalité morale et le droit d'agir en justice. Vous pouvez librement fonder ou adhérer à un parti politique.

Ressources utiles

Se renseigner sur la création d'une association et bénéficier d'outils (modèles de statuts, etc.) :
www.associations.gouv.fr

Enregistrer officiellement son association :
mdel.mon.service-public.fr/gestion-association.html

JUSTICE

46. Bénéficier d'une information et d'une aide aux démarches administratives et juridiques
47. Exercer un recours non judiciaire
48. Bénéficier de l'aide juridictionnelle
49. Exercer ses droits en tant que victime d'infraction pénale
50. Se protéger et se défendre en cas de privation de liberté

➤ Avoir des droits et des devoirs, c'est pouvoir connaître les règles qui s'appliquent dans votre situation et savoir comment les mettre en œuvre. Lorsque ces droits sont menacés, enfreints ou refusés, vous avez la possibilité de les faire reconnaître et de les voir protégés. Différentes voies de recours et de services d'aide existent.

46. Bénéficier d'une information et d'une aide aux démarches administratives et juridiques

loi n° 91-647 du 10 juillet 1991, article 53

« L'aide à l'accès au droit comporte : 1° L'information générale des personnes sur leurs droits et obligations ainsi que leur orientation vers les organismes chargés de la mise en œuvre de ces droits ; 2° L'aide dans l'accomplissement de toute démarche en vue de l'exercice d'un droit ou de l'exécution d'une obligation de nature juridique et l'assistance au cours des procédures non juridictionnelles [...] ».

Avant de solliciter un droit ou face à une difficulté juridique ou administrative, vous pouvez être informé, conseillé et aidé dans vos démarches par des professionnels du droit. L'information et le conseil délivrés doivent respecter les garanties de confidentialité, de qualité et de gratuité.

Les dispositifs publics, gratuits et permanents d'accès au droit

• Les maisons de justice et du droit (MJD)

Les **MJD** informent toute personne sur ses droits et assurent une activité en matière pénale (permanences du délégué du procureur, d'éducateurs de la protection judiciaire de la jeunesse ou de conseillers pénitentiaires d'insertion et de probation…).

• Les points d'accès au droit (PAD) et relais d'accès au droit (RAD)

Les **PAD** sont des espaces d'accueil permanents, autonomes ou implantés en différents lieux (mairies, centres d'information et d'orientation…). Vous y trouvez des permanences d'information juridique, dans les domaines relevant de la vie quotidienne.

➤ Certains établissements pénitentiaires disposent d'un PAD accessible aux détenus.

Les **RAD** sont des permanences juridiques implantées au sein de diverses structures associatives ou institutionnelles.

- **Les guichets uniques de greffe (GUG)**

Certains tribunaux de grande instance sont dotés d'un **GUG**. Un greffier vous renseigne sur les procédures possibles, judiciaires ou alternatives (médiation, conciliation), pénales ou civiles ; vous informe sur votre procédure en cours, vous fournit tout formulaire utile et vous aide à réaliser les actes de procédure (enregistrer un PACS, une requête au juge aux affaires familiales en urgence...).

Les permanences juridiques généralistes ou spécialisées

- **Les permanences organisées par les professionnels judiciaires**

Avocats, notaires, huissiers de justice assurent des consultations juridiques au sein de diverses institutions : MJD, PAD, palais de justice, barreaux, mairie, chambre des notaires... mais aussi maisons d'arrêt, centres de rétention ou établissements psychiatriques...

• Les permanences organisées par les associations et les syndicats

Ces acteurs vous informent et vous accompagnent dans les démarches, pour tout domaine de droit en rapport avec leur objet (par ex. défense du droit de la famille et/ou des personnes victimes de violences conjugales, du droit du travail). Ils tiennent des permanences dans leurs locaux, au sein de structures publiques d'accès au droit ou d'institutions (mairies, bourses du travail, maisons des syndicats, maisons d'arrêt, hôpitaux publics...).

⚠ Certaines associations ou syndicats sollicitent une participation financière au titre de l'adhésion (généralement fonction des ressources) pour assurer la prise en charge de votre problème juridique.

• Les permanences organisées par les administrations

Les caisses d'allocations familiales (CAF) organisent les « rendez-vous des droits » afin d'examiner avec un conseiller l'ensemble des prestations dont vous pouvez bénéficier. Consultez la CAF proche de chez vous.

Les caisses d'assurance maladie organisent des permanences au sein desquelles des délégués sociaux vous reçoivent et vous informent.

Où trouver une ressource d'accès au droit près de chez vous ?

La plupart des conseils départementaux de l'accès au droit (CDAD) ont un site internet répertoriant l'ensemble des ressources et adresses utiles. L'annuaire de la justice en ligne (ministère de la Justice) vous indique tous les lieux publics d'information à partir de votre code postal.

Sollicitez les services de votre mairie ou du Barreau des avocats auprès du tribunal de grande instance de votre lieu de résidence.

Ressources utiles

www.annuaires.justice.gouv.fr

47. Exercer un recours non judiciaire

décret n° 2012-66 du 20 janvier 2012
relatif à la résolution amiable des différends,
article 1530

« La médiation et la conciliation conventionnelles (...) s'entendent (...) de tout processus structuré, par lequel deux ou plusieurs parties tentent de parvenir à un accord, en dehors de toute procédure judiciaire en vue de la résolution amiable de leurs différends, avec l'aide d'un tiers choisi par elles qui accomplit sa mission avec impartialité, compétence et diligence ».

Le droit de saisir le juge compétent pour son affaire est un droit fondamental. D'autres acteurs peuvent aussi être saisis, de manière alternative ou complémentaire, en fonction de la nature de votre problème et de vos intérêts.

Recourir au Défenseur des droits (DDD)

Le **DDD**, sans être un juge, détient d'importantes compétences pour protéger vos droits fondamentaux lorsqu'ils sont menacés ou violés. L'interpeller contribue aussi à lui donner les moyens de faire évoluer les pratiques et la loi chaque fois qu'elles contreviennent aux libertés individuelles.

⚠ Il intervient en droit mais aussi en équité : il peut demander à ce qu'une règle, juste dans son principe, ne vous soit pas appliquée compte tenu de la spécificité de votre situation et de l'injustice qu'elle produit en ce cas.

Dans quelles situations pouvez-vous le saisir ?

Dès lors que :

- vous rencontrez un problème avec une administration (État ou collectivité), un établissement hospitalier ou un organisme chargé de la gestion d'un service public (CPAM, CNAF, CAF, Pôle emploi, SNCF) et qu'aucune solution n'a été trouvée malgré vos démarches ;
- vous êtes victime d'une discrimination, de harcèlement moral lié à un critère prohibé, de harcèlement sexuel (droit n° 5) ;
- vous êtes victime ou témoin de faits que vous estimez contraires aux règles de bonne conduite par un représentant de l'ordre, public ou privé (officier de police, gendarme, agent de service de gardiennage…) ;
- les droits ou l'intérêt d'un ou de votre enfant sont compromis.

Comment le saisir ?

Vous pouvez :

- solliciter un rendez-vous avec un délégué du DDD près de chez vous (au sein des structures d'accès au droit, mairies et centres pénitentiaires si vous êtes détenu…) ;
- remplir le formulaire de saisine en ligne ;
- adresser un courrier simple (cf. liens utiles).

Mentionnez vos coordonnées précises et joignez les documents utiles (plainte, main courante, décisions obtenues, certificats médicaux…).

Que peut-il faire ?

Sur la base de votre réclamation, les services du DDD disposent d'importants pouvoirs d'investigation. Il peut mettre la partie en cause en demeure de produire des explications voire saisir le juge des référés afin d'ordonner toute mesure utile.

Quand les faits sont étayés, il peut :

- intervenir comme médiateur et chercher à obtenir une résolution amiable du litige ;
- proposer une transaction civile ou pénale ;
- demander, auprès de l'autorité compétente, des sanctions disciplinaires à l'encontre du

professionnel ayant porté atteinte à vos droits ;
- présenter des observations devant les juridictions civiles, administratives ou pénales si vous avez déclenché une procédure judiciaire ;
- faire des recommandations à toute personne ou autorité publique concernée de nature à régler votre problème ou éviter qu'il ne se reproduise.

Le DDD peut ne pas donner suite à votre réclamation (il vous en explique alors les raisons).

Recourir à la conciliation ou à la médiation pour les litiges de la vie quotidienne

Ces deux processus de résolution des problèmes permettent aux parties qui s'opposent de s'exprimer devant un ou des tiers et de trouver, avec leur aide, une solution concertée. Elles peuvent être conduites rapidement, gratuitement ou à moindres frais.

Vous pouvez les solliciter en dehors de toute procédure judiciaire. C'est une démarche volontaire : vous êtes libre d'accepter ou de refuser ce mode de règlement s'il vous est proposé par la partie adverse.

procédure	conciliation	médiation
dans quels cas ?	conflit lié à la consommation, à une prestation (conflit avec votre assureur, une entreprise, un service de téléphonie…), au logement (litige avec votre propriétaire) ou à l'habitat (problème avec un voisin…).	recommandée pour les litiges qui vous opposent à une personne que vous connaissez, ou près de laquelle vous vivez : ainsi en matière d'habitat (propriétaire, voisins), en matière familiale.
menée par qui ?	un conciliateur de justice, professionnel du droit, placé sous l'autorité des juges ; il intervient bénévolement ; il reçoit les parties, peut se rendre sur les lieux si nécessaire, entendre toute personne et proposer des solutions.	salariés ou bénévoles d'associations ou indépendants ; le ou les médiateurs vous reçoivent en présence de l'autre partie : ils ne se déplacent pas sur place.
coût ?	gratuit	payant : le montant de vos ressources peut être pris en compte.

⚠ Un conciliateur ne peut pas intervenir en matière d'état civil, en matière pénale, en droit du travail ou en cas de litige avec une administration. En cas de violences conjugales, la médiation n'est pas recommandée : sollicitez une association spécialisée et/ou un avocat.

⚠ Avant toute tentative de conciliation ou de médiation, informez-vous sur vos droits et devoirs.

Quand aller en conciliation ou médiation ?

Le plus tôt est le mieux. Si la conciliation et la médiation suspendent le délai de prescription (délai imparti pour faire valoir votre droit en justice), ils ne suspendent ni n'interrompent les délais de recours pour contester une décision administrative ou judiciaire.

Que vaut l'accord trouvé à l'issue de la conciliation ou de la médiation ?

L'accord peut être mis par écrit. Il a valeur de contrat. En cas de non-respect par l'autre partie, il ne peut pas être imposé par le juge, sauf à le faire valider par lui à l'issue de la médiation ou de la conciliation, si l'autre partie ne s'y oppose pas.

En cas d'échec, vous pouvez saisir le juge compétent.

Où trouver les conciliateurs et médiateurs près de chez vous ?

Ils tiennent des permanences au sein des mairies, des tribunaux d'instance, des structures d'accès au droit… Consultez le site du conseil départemental d'accès au droit, votre mairie, toute structure publique d'accès au droit pour être renseigné (droit n° 46).

Recourir à des dispositifs de conciliation ou de médiation spécifiques

⚠ Vous devez avoir saisi, au préalable, d'une réclamation écrite, restée sans effet, la personne, le service ou l'établissement en cause.

Qui saisir en cas de difficultés liées au logement ?

En cas de conflit avec votre bailleur (social ou privé), vous pouvez saisir la commission départementale de conciliation de votre domicile si ce litige porte par exemple sur l'état des lieux, le dépôt de garantie, les charges locatives, la décence du logement ou la fixation du loyer.

Et en cas de difficulté avec un établissement scolaire ?

Parent d'élève, élève, étudiant, adulte en formation ou bien personnel attaché à l'Éducation nationale et de l'enseignement supérieur, vous pouvez saisir le médiateur de l'Éducation nationale à travers les médiateurs académiques, en cas de désaccord avec une décision prise par un établissement ou service dépendant de cette administration ou en cas de conflit avec un de ses membres (enseignant, directeur d'établissement, personnel administratif…).

Saisissez-le par simple courrier ou via le formulaire en ligne sur le site du ministère de l'Éducation nationale. La liste des médiateurs académiques y figure aussi.

Et en cas de problème rencontré avec votre caisse primaire d'assurance maladie (CPAM) ou votre caisse d'allocations familiales (CAF) ?

Le conciliateur de votre CPAM intervient en cas de litige :

- avec votre caisse (mauvais suivi de votre demande…) ou
- de problème rencontré dans le cadre de votre parcours de soins coordonné (refus de soins,

impossibilité de trouver un rendez-vous dans un délai compatible avec votre état de santé…).

Le médiateur de votre CAF reçoit toute réclamation liée à une difficulté rencontrée avec un conseiller, une décision opposée, une absence de réponse…

⚠ Leur saisine ne suspend pas les délais de recours.

Et en cas de problème rencontré dans un hôpital ?

Patient ou membre de famille d'un patient, vous pouvez adresser une plainte ou une réclamation à la commission des relations avec les usagers et de la qualité de la prise en charge de l'établissement de santé privé ou public en cause dès lors que :
- vos droits n'ont pas été respectés (tel le droit d'accéder à votre dossier médical) ;
- votre accueil ou votre prise en charge n'ont pas été satisfaisants.

Ses modalités de saisine doivent être affichées dans tous les établissements de santé et figurer dans le livret d'accueil qui vous est remis en tant que patient.

- Nombre d'entreprises en charge d'un service public ont également mis en place un service de médiation interne permettant, en cas de difficulté, de les interpeller : EDF, SNCF, La Poste et la Banque postale, Pôle emploi, Paris-Habitat, caisse des dépôts...

Ressources utiles

Identifier un délégué du Défenseur des droits :
www.defenseurdesdroits.fr/contacter-votre-delegue/trouver-votre-delegue

Le saisir en ligne :
www.defenseurdesdroits.fr

Lui écrire ou se renseigner par téléphone :
Défenseur des droits
7 rue Saint-Florentin
75409 Paris cedex 08
tél. 09 69 39 00 00 (du lundi au vendredi de 8 h 00 à 20 h 00, coût d'un appel local).

Trouver un conciliateur :
www.conciliateurs.fr/Trouver-une-permanence

Trouver la commission départementale de conciliation :
www.anil.org/votre-adil

Trouver le médiateur académique :
www.education.gouv.fr/cid256/adresses-utiles.html

Trouver les médiateurs des entreprises de service public :
clubdesmediateurs.fr

48. Bénéficier de l'aide juridictionnelle

loi n° 91-647 du 10 juillet 1991
relative à l'aide juridique,
article 2

« Les personnes physiques dont les ressources sont insuffisantes pour faire valoir leurs droits en justice peuvent bénéficier d'une aide juridictionnelle [...] ».

Quand vos ressources ne vous permettent pas de prendre en charge financièrement tout ou partie des frais d'avocat et autres frais liés à la procédure, vous pouvez bénéficier, sous certaines conditions, de l'aide juridictionnelle (AJ).

Quelles sont les conditions ?

Vous devez :

- être de nationalité française, ressortissant d'un pays de l'Union européenne ou résider habituellement et en situation régulière en France (avoir un titre de séjour) ;

⚠ La condition de résidence régulière et habituelle ne peut vous être opposée si vous êtes mineur ou lorsque vous défendez :

- votre droit au séjour en France (recours contre un refus d'admission au séjour et une obligation de quitter le territoire, une procédure d'expulsion...) ;
- votre droit de solliciter l'asile (recours contre une décision de l'OFPRA) ;
- vos droits en cas de privation de liberté (contestation de placement en garde à vue...) ;
- vos droits en qualité de victime de violences conjugales : vous devez bénéficier dans ce cas d'une ordonnance de protection du juge des affaires familiales ;
- vos droits en matière pénale (vous êtes témoin assisté, prévenu, mis en examen, accusé, condamné...).

– disposer de ressources inférieures à un certain plafond qui conditionne la part prise en charge (les montants, variables en fonction des personnes à charge, sont précisés dans la notice qui accompagne le formulaire d'AJ) ;

Vous n'avez pas à justifier de vos ressources dès lors que vous bénéficiez du revenu de solidarité active (RSA) socle, de l'allocation de solidarité aux personnes âgées (ASPA) ou de l'allocation temporaire d'attente (ATA).

– ne pas pouvoir prétendre à une prise en charge au titre de la protection juridique ;

La protection juridique est un contrat souscrit directement auprès d'une compagnie d'assurances ou faisant partie de services inclus dans une prestation (par ex. dans votre contrat d'assurance multirisque habitation ou automobile, mutuelle, carte bancaire...). Elle peut inclure une prise en charge des frais de justice : étudiez bien le contrat souscrit.

Chaque fois que la protection juridique peut jouer, l'AJ n'a pas à être sollicitée.

Vous avez le droit de choisir votre avocat dans le cadre de la protection juridique. Votre assureur ou prestataire peut aussi vous en conseiller.

Si l'assureur ou l'organisme sollicité au titre de la protection juridique ne peut pas intervenir, il établit une attestation de non prise en charge, à joindre à votre demande d'AJ.

– avoir une raison sérieuse d'engager une action en justice.

⚠ Aucune condition de régularité du séjour ou de ressources ne s'impose si vous êtes : mineur, victime ou ayant droit d'une victime d'un crime grave (meurtre, acte de torture ou de barbarie, viol...), ou si vous saisissez le tribunal des pensions au titre d'invalide ou de victime de guerre. Enfin, l'AJ peut vous être exceptionnellement accordée si votre situation est particulièrement digne d'intérêt au regard de l'objet du litige et du coût prévisible du procès.

Quand solliciter l'AJ ?

À tout moment de la procédure, sauf :
- en cas de recours contre une obligation de quitter le territoire : elle doit être déposée au plus tard lors de l'introduction de votre requête ;
- en cas de recours contre une décision de refus de l'OFPRA : vous disposez d'un mois pour solliciter l'AJ et enregistrer le recours.

Une fois la demande d'AJ déposée (un récépissé vous est remis), le délai de recours (le temps imparti pour saisir le tribunal compétent) est interrompu en première instance. Il court à nouveau à compter du jour où vous recevez la décision d'accord ou de refus du bureau d'aide juridictionnelle (BAJ).

En cas d'appel (vous contestez alors la décision du juge), faites-vous préciser les règles auprès de votre conseil et/ou tout dispositif d'accès au droit (droit n° 46).

Où et comment solliciter l'AJ ?

Retirez le formulaire (et sa notice) auprès du BAJ du tribunal de grande instance proche de votre domicile, en mairie, dans les structures publiques d'accès au droit ou téléchargez-le en ligne. Complétez-le et à joignez-le (par courrier, de préférence en recommandé, ou dépôt sur place) avec les pièces justificatives exigées.

⚠ Toute demande d'AJ liée à un recours auprès de la cour de cassation, du Conseil d'État ou de la cour nationale du droit d'asile doit être déposée directement auprès de ces juridictions.

Si vous connaissez un avocat qui est d'accord pour vous assister, communiquez son nom et sa lettre d'acceptation dans le formulaire. À défaut, un avocat est désigné par le barreau et ses coordonnées vous sont fournies dans le courrier d'acceptation de l'AJ.

⚠ En cas d'urgence ou lorsque la procédure en cours met en péril vos conditions de vie essentielles (telle une procédure d'expulsion locative), vous pouvez être admis provisoirement à l'AJ et bénéficier immédiatement d'un avocat avant examen des conditions. Votre requête doit toutefois en mentionner la demande. Si vous ne remplissiez finalement pas les conditions, les frais seront à votre charge.

Que faire suite à la décision du bureau d'aide juridictionnelle (BAJ) ?

Le **BAJ** :

- vous accorde l'AJ totale ou partielle : la décision est valable un an ;

⚠ Même si l'AJ est accordée à 100 %, un droit de plaidoirie de 13 € reste à votre charge s'il s'applique. Vous pouvez aussi être condamné à payer les frais de justice si vous perdez votre procès ;

- vous refuse le bénéfice de l'AJ ou ne vous reconnaît qu'une prise en charge partielle :
  - vous pouvez contester cette décision dans les quinze jours de sa notification, par courrier adressé en recommandé avec accusé de réception au BAJ ;
  - vous avez huit jours s'il s'agit de contester la décision du BAJ de la cour nationale du droit d'asile ;

Joignez toujours copie de la décision de refus ou d'attribution partielle de l'aide.

⚠ Le BAJ peut enfin vous retirer l'aide accordée, ou une partie, en cas de fausses déclarations, de procédure abusive ou de rétablissement de votre situation financière après la demande. Dans ces trois cas, vous avez la possibilité de contester cette décision.

Ressources utiles

Télécharger le formulaire d'AJ :
www.justice.gouv.fr / www.service-public.fr

49. Exercer ses droits en tant que victime d'infraction pénale

loi n° 2000-516 du 15 juin 2000, article 1er

« L'autorité judiciaire veille à l'information et à la garantie des droits des victimes au cours de toute procédure pénale ».

Toute victime d'infraction pénale (acte interdit par la loi portant atteinte à l'ordre public) a le droit d'être accompagnée et protégée par la justice, d'obtenir la reconnaissance du ou des préjudices subis (les dommages causés par l'infraction) et une indemnisation.

Le droit d'être protégé et de porter plainte

Il existe trois catégories d'infraction dont vous pouvez être victime :
- les **contraventions** : ce sont les infractions les moins graves (insultes, blessures légères...) ;
- les **délits** (vol, discrimination, violences volontaires, agressions sexuelles...) ;
- les **crimes** : ce sont les infractions les plus graves (meurtre, acte de terrorisme, viol...).

⚠ Au-delà d'un certain temps écoulé à compter de la survenance de l'infraction, vous ne pouvez plus engager d'action en justice. Il s'agit du « délai de prescription ». Informez-vous auprès de services ou d'associations spécialisées (droit n° 46).

Comment porter plainte ?

- en vous rendant dans n'importe quel commissariat ou brigade de gendarmerie. Si vous ne connaissez pas l'auteur de l'infraction, la plainte est déposée « contre X » ;
- en adressant directement un courrier au procureur de la République du lieu où l'infraction a été commise ou du domicile de l'auteur si vous le connaissez.

⚠ Un mineur peut porter plainte, seul ou accompagné.

➤ Des officiers de police ou gendarmes « référents » formés à l'accueil et à l'écoute des personnes victimes peuvent vous accueillir. Des permanences de travailleurs sociaux, de psychologues et de juristes d'associations spécialisées en droit des victimes existent dans les commissariats et gendarmeries afin de garantir une meilleure prise en charge. Dès votre dépôt de plainte vous devez être informé de vos droits ainsi que des actes et procédures qui en découlent.

L'assistance d'un avocat n'est pas obligatoire mais conseillée (droit n° 48).

⚠ Si vous ne souhaitez pas porter plainte mais réaliser une démarche qui pourra être conservée sur un registre spécifique, vous pouvez déposer une « main courante ». Si l'infraction est jugée trop grave par la police ou la gendarmerie, des poursuites pourront néanmoins être effectuées.

À quoi sert de se constituer partie civile après la plainte ?

Après réception de votre plainte, le procureur de la République peut décider d'enclencher des poursuites et saisir le tribunal compétent. Vous pouvez alors vous constituer « partie civile » : vous devenez partie prenante de la procédure. Vous (et votre avocat) avez dès lors accès à toutes les pièces du dossier, êtes informé de l'état d'avancement de l'enquête tous les six mois par le juge d'instruction, pouvez demander des actes, des expertises, des perquisitions, interroger les témoins à l'audience. Cela vous permet aussi d'obtenir une réparation financière du préjudice subi.

Vous pouvez vous constituer partie civile à tout moment de la procédure, jusqu'au jour du procès.

Où se renseigner et bénéficier de soutien ?

Une plateforme d'écoute et d'information téléphonique nationale est disponible 7 jours/7, de 9 heures à 21 heures : le **08VICTIMES** (tapez les lettres à partir de votre clavier de téléphone) ou 08 842 846 37 (coût d'un appel local).

Les tribunaux de grande instance disposent de « bureaux d'aide aux victimes » (BAV) chargés de vous informer et de vous accompagner tout au long de la procédure si besoin. Les dispositifs publics d'accès au droit organisent également des permanences en droit des victimes (droit n° 46).

Un important réseau d'associations d'aide aux victimes (INAVEM) vous permet également de trouver localement une permanence d'accueil, d'écoute, d'information et de soutien.

Si vous pensez qu'un mineur est victime d'une infraction, vous pouvez saisir la cellule de recueil des informations préoccupantes (CRIP) et contacter gratuitement le 119 (enfance en danger), 24 heures/24, 7 jours/7.

Le droit à être indemnisé

Divers mécanismes existent.

Vos assurances : certains de vos contrats d'assurance peuvent contenir des clauses d'indemnisation si vous êtes victime de certaines infractions : vol, accident…

Vous pouvez obtenir la condamnation de l'auteur de l'infraction à vous verser des dommages et intérêts devant la juridiction pénale (à condition de vous être constitué partie civile) ou civile (dans ce cas vous renoncez à agir au pénal).

Vous pouvez saisir d'une demande d'indemnisation la commission d'indemnisation des victimes (CIVI) du tribunal de grande instance de votre domicile ou du lieu où l'infraction a été commise :

- si vous avez été victime d'une infraction grave, ceci indépendamment de la procédure pénale et même si l'auteur a les moyens financiers de vous indemniser ;
- si vous avez été victime d'un dommage corporel ou matériel, sous réserve du respect d'autres conditions. L'indemnisation est plafonnée. La saisine s'effectue par lettre recommandée, vous pouvez être assisté d'un avocat (droit n° 48).

⚠ Des délais stricts s'appliquent pour cette saisine, renseignez-vous auprès d'un dispositif d'accès au droit ou d'associations spécialisées (droit n° 46).

Enfin, si vous avez une décision de justice vous accordant des dommages et intérêts, vous pouvez solliciter le service d'aide au recouvrement des dommages et intérêts pour les victimes d'infractions (SARVI) si vous ne pouvez pas prétendre à une indemnisation de la CIVI et que l'auteur de l'infraction, condamné, n'a pas réglé les sommes dues dans les délais. Le SARVI vous verse tout ou partie des sommes dues, en fonction du montant de la condamnation.

Ressources utiles

Saisir le SARVI :
www.fondsdegarantie.fr/sarvi.

INAVEM :
www.inavem.org

50. Se protéger et se défendre en cas de privation de liberté

Déclaration universelle
des droits de l'Homme
du 10 décembre 1948,
article 9

« Nul ne peut être arbitrairement arrêté, détenu ou exilé ».

Aucune personne ne peut être privée de sa liberté d'aller et venir sans raison strictement définies, en dehors de procédures rigoureusement arrêtées, du contrôle d'un magistrat et du respect des droits de la défense. Une privation de liberté ne saurait en aucun cas remettre en cause le respect de vos droits fondamentaux, comme le respect de votre dignité et votre intégrité.

Quels sont vos droits lors d'une garde à vue (GAV) ?

L'officier de police judiciaire doit vous informer immédiatement des motifs pour lesquels vous êtes placé en GAV, de sa durée (24 heures maximum) et sa possible prolongation (jusqu'à 48 heures, voire 72 heures pour les affaires graves et 144 heures en cas de risque terroriste), autorisée préalablement par le juge.

Vous êtes informé, dans le même temps, de vos droits durant tout le maintien en GAV, soit le droit de :

- contacter un proche, une personne de votre choix, votre employeur, votre tuteur ou curateur et, si vous êtes étranger, les autorités consulaires de votre pays ;
- vous faire assister par un avocat de votre choix ou commis d'office ;
- demander à être examiné par un médecin ;
- consulter le procès-verbal de placement en garde à vue, les procès-verbaux de vos auditions et le certificat médical éventuellement établi par le médecin ;
- faire part, par écrit ou oralement, de vos observations au procureur de la République ou du juge des libertés et de la détention ;
- garder le silence dans l'attente de votre avocat et lors des auditions.

Un document répertoriant ces droits, accessible, doit vous être remis dès notification de la GAV.

⚠ Si vous ne maîtrisez pas le français, si vous êtes atteint de surdité et ne savez ni lire ni écrire, vous avez le droit d'être assisté d'un interprète qualifié ou le droit d'être aidé par tout dispositif technique de nature à permettre la communication.

➤ Il est recommandé de vous faire assister par un avocat dès le début de la GAV. Un entretien confidentiel de 30 minutes vous est accordé. Il peut être présent lors des interrogatoires (sauf refus de l'officier de police judiciaire, transcrit dans le procès-verbal).

⚠ Lors d'un contrôle d'identité vous pouvez être conduit au poste de police ou de gendarmerie et placé en « rétention administrative » afin de procéder à la vérification de la régularité de votre séjour (durée maximale de 16 heures). Ce n'est pas une garde à vue. Vous avez le droit d'être assisté d'un avocat, d'un interprète, de voir un médecin, de contacter un proche ou les autorités consulaires de votre pays. Le procureur de la République est immédiatement informé de la mesure.

Quels sont vos droits lors d'une rétention administrative ?

Elle vise les personnes étrangères faisant l'objet d'une mesure d'éloignement du territoire français, afin qu'il soit procédé à leur renvoi forcé. D'une durée initiale de cinq jours, elle peut faire l'objet d'une voire de deux prolongations sur décision du juge des libertés et de la détention (JLD).

⚠ Les conditions de placement en rétention font actuellement l'objet d'une réforme dans le cadre du projet de loi relatif au droit des étrangers en France.

Dès votre arrivée au centre de rétention, vous devez être informé des étapes liées à la procédure de renvoi ainsi que de vos droits :
- solliciter, pendant toute la durée de rétention, un interprète, un avocat ou un médecin ;
- déposer une demande d'asile dans les cinq jours à compter de votre information ;
- être informé et aidé dans vos démarches par un juriste d'une association d'assistance aux étrangers ;
- joindre vos proches ;
- recevoir des visites.

Un document répertoriant ces droits, édité en plusieurs langues, doit vous être remis.

Quels sont vos droits lors d'hospitalisation sans consentement ?

Dès votre admission dans l'établissement ou dès que votre état le permet, vous devez être informé de vos droits et des voies de recours existantes :
- solliciter l'assistance d'un médecin, d'un avocat, choisi ou commis d'office ;

- solliciter l'aide juridictionnelle sous réserve des conditions de ressources (droit n° 48) ;
- communiquer avec les autorités : préfet, président du tribunal de grande instance, procureur de la République, maire ;
- accéder à votre dossier médical (en présence d'un médecin en cas de risque), au document établissant votre programme de soins (modalités, déroulement) ou au règlement intérieur de l'établissement ;
- faire part de votre avis et de vos observations sur votre hospitalisation ou programme de soins contraints ;
- désigner une personne de confiance (un proche, un médecin) si vous n'êtes pas sous tutelle, qui pourra être consultée si vous n'êtes pas en mesure d'exprimer votre volonté ;
- recevoir la visite de personnes de votre choix ou ne pas recevoir de visite ;
- envoyer ou recevoir des courriers ;
- voter (droit n° 43) ;
- pratiquer une activité religieuse ou philosophique ;
- être protégé contre toute maltraitance (privation de visite, punition, infantilisation…).

Vous pouvez demander la levée de la mesure de soins contraints ou contester vos conditions d'hospitalisation à tout moment.

Quels sont vos garanties et les recours possibles en cas de privation de liberté ?

• Le juge des libertés et de la détention (JLD) et le procureur de la République

Le JLD contrôle le bien-fondé de la mesure de privation de liberté (ne pas être arbitraire ou disproportionnée par rapport aux objectifs recherchés). Il intervient automatiquement en cas de prolongation de votre privation de liberté. Vous pouvez également le saisir à tout moment, par courrier, auprès du tribunal de grande instance dont dépend l'établissement au sein duquel vous êtes placé/maintenu.

Si, lors de votre arrestation ou mesure de privation de liberté, vous estimez avoir été victime d'une infraction pénale, vous pouvez saisir le procureur de la République (droit n° 49).

• La commission départementale des soins psychiatriques en cas d'hospitalisation (CDSP) et la commission des relations avec les usagers et de la qualité de la prise en charge (CRUQPC)

Composée de médecins psychiatres, d'un magistrat, de représentants des familles et des usagers, la CDSP est habilitée à recevoir toute demande de réexamen de votre situation, toute réclamation, par courrier. Vous pouvez également, lorsque vous êtes au sein de l'établissement, saisir la CRUQPC.

- **Le Défenseur des droits**

Il veille au respect de bonne conduite des professionnels de la sécurité. Si vous avez fait l'objet de violences, d'humiliations, de non-respect de vos droits de la part de policiers, gendarmes… contactez ses services (droit n° 47).

- **Le contrôleur général des lieux de privation de liberté (CGLPL)**

Quelle est sa mission ?

Il veille au respect des droits fondamentaux des personnes privées de liberté (protection contre les mauvais traitements, accès aux soins…), quels que soient les lieux d'enfermement.

Il peut saisir les autorités compétentes s'il est porté atteinte à vos droits fondamentaux ou si l'organisation ou le fonctionnement du lieu d'enfermement dans lequel vous êtes placé/

maintenu sont défaillants (insalubrité, méthodes de fouilles pratiquées indignes…).

Comment le saisir ?

Lors de visites dans les lieux de privation de liberté, il s'entretient avec les personnes privées de liberté, le personnel, les divers intervenants. Sa visite doit être annoncée par voie d'affichage au sein du service ou de l'établissement contrôlé : vous pouvez demander à le rencontrer (l'entretien est strictement confidentiel et protégé par le secret professionnel).

⚠ Vous ne pouvez faire l'objet d'intimidation ou de menaces pour vouloir ou avoir sollicité cette entrevue. Signalez-le le cas échéant à ses services.

Vous pouvez le saisir par courrier, sous pli fermé, à l'adresse suivante :

Madame la Contrôleure générale
des lieux de privation de liberté
BP 10301
75921 Paris cedex 19

Mentionnez vos nom et coordonnées.

⚠ Cette correspondance ne peut être contrôlée par le service ou l'établissement.

En cas d'urgence, appelez-le au n° suivant : 01 53 38 47 80

Ressources utiles

S'informer sur le contrôleur des lieux de privation de liberté :
www.cglpl.fr

Achevé d'imprimer sur les presses de
L.E.G.O S.p.A.
Italie
Dépôt légal : novembre 2015
715110 - (I) - OSB - A 60g - CMB - (EDO)
Imprimé en octobre 2015